《2015中国民营企业发展指数》编委会

2015
中国民营企业发展指数

上海新沪商联合会
零点研究咨询集团 编

上海社会科学院出版社
Shanghai Academy of Social Sciences Press

序一

更好地在新常态里生长

中国的民营企业其实挺苦。当前还处于整个竞争不完全平等的环境下，政府对待民营企业的政策公平性还没有发生根本性的改变。当然2014年民营企业环境确实是有了一些好的改变，政府简政放权还是产生了一些成效。我看了下2014年的报告，民营企业的发展指数比去年确实是高了一些，这与我的观察和感受也是大致相符的。

现在都在说“新常态”，人人自危，其实新常态不可怕，新常态是符合经济发展规律的。对职业企业家来讲，新常态是天天要遇到的事情。如今的新常态，是一些人带来了新变化，比如因为马云的电子商务，老常态下的传统店铺很多都关掉了，一些中小企业很痛苦。同时，消费者本身也发生了新变化，“90后”开始成为消费主力了，他们的品牌观念和想法跟你想的不一样了，老常态下的营销方式都失效了。但这就是现实，是未来发展的生活方式。在这种情况下，唯一能做的是重新审视自己，去迎合互联网这个时代。

我一直在想，如果竞争不平等不能在很短时间里发生改变，如果新常态将会一直持续下去，民营企业怎么能做大做强？任何一个企业的竞争力都要靠自己研究，你到底是在技术，还是品牌、营销、整合方面有实力，我觉得每个企业所有的经营资源是非常有限的，在有限的资源之中，每个企业都要优中选优。

如果不想遭受淘汰和死亡，就要有深刻的忧患意识，必须要认识到创新和学习的重要性，否则就没有一线生机。任何产品都有其发展的周期，如果技术不创新，品牌不提升，就会面临被淘汰。如果你能看到创新带来的颠覆性革命，看到未来的“短缺”和需求，就不会被淘汰。不但不被淘汰，还能成大事。比如特斯拉汽车的马斯克，看到了环境问题，就把发动机消灭了，现在做大了。

这就是企业家精神。我自己也一直是在尝试，尝试找“短缺”。中国的民营企业还没有真正的准入门槛，我们只能去“多元化”。这些年我尝试了N种多元化的可能，新能源新材料、科技谷产业园、国际贸易、奥特莱斯、金融投资，我都有兴趣。特别是金融投资，我投入挺多，这就是我找到的“短缺”，金融服务业未来会是中国经济增长的一块大蛋糕。尝试下来，现在杉杉已经不再是一家服装企业了。我不敢说我的尝试有多成功，但其实就杉杉现在的财富，光做服装是积累不来的。

问题是很多民营企业主还认识不到这一点，还在固守老一套，那都是老常态下的做法了。我作为上海新沪商联合会的会长，和很多会员都是多年的好朋友了，平时大家也都比较认同我。我想用数据给大家提提醒，当时就提出搞一个上海民营企业发展指数调查，大家都认可了。事实证明，我们的这一做法是成功的。

新沪商联合会会长
杉杉控股有限公司董事局主席 郑永刚

2014 年 12 月

序二

竞行的动能

今年的《中国民营企业发展指数》在内容上有很多更新——对于当下民营企业发展的机会、挑战与动力描述得更为细致，而最有价值的部分则是描述出了目前处在市场发展不同压力状态下的行业类别。关于行业类别的分析至少说明了三个问题：

第一，政策开放与竞争条件的平等化是民营企业得以快速成长的前提条件。在这个方面，简政放权的大思路是对的，但在行业层面还需要加大落地力度。

第二，技术创新含量低的任何行业，即使身处看似很时髦的文化创意、金融领域，依然存在很大的发展瓶颈。

第三，普遍的服务化与互联网化是几乎所有行业转型与提升的有效路径。

以上三个方面的信息与当前宏观经济发展中所谓的冷热分布有高度的相关性。中国经济新常态不是简单放慢速度——事实上，在现有国内生产总值基数上，6%～7%的增长率并不低——问题在于增长模块、增长动力来源与增长代价的变化。

对于创新服务业，无论在线上、线下都完全可以作乐观预期，这也是目前最有活力的、资本集中的领域。相反，传统加工制造业与依赖政策驱动的建设项目就要困难一些。区别在于，创新服务业恰恰是需求，尤其是新一代需求拉动的部分，是市场力量作用最强的部分，是互联网机制发挥作用最强的部位。

在人均国内生产总值突破5 000美元这个关口之后，中国服务业革命受到互联网尤其是移动互联网发展与全民创业热潮的双驱动——中国民营经济的新的组成部分获得了蓬勃生机。尤其是，这个行业的成长伴随着更少的浪费，且对环境更友好，对公众健康与社会责任有更多的投入，给年轻一代更多的机会。我们用橙色作为这个发展指数报告的封面色，也代表了对于阳光、健康的经济发展方向抱有信心。

我们已经习惯了经济的持续快速成长，但实际上经济发展还是有周期的。站在周期的角度来说，某些相对传统的行业遭遇困难，相关企业面临更大压力是正常的。即使现在风头很健的企业，未来也难免遇到周期性的成长瓶颈。重要的是要勇于承认这样的瓶颈、积极面对这样的压力、大胆进行突破性的尝试。令人高兴的是，这样的尝试在包括联想电脑、美的电器、苏宁电器、罗莱家纺、杉杉服饰等很多传统企业已经有了成功的样板。

做百年企业，不只是单纯追求年份长，最重要的是实现跨越周期式瓶颈的价值。我们的民营企业发展指数报告就是要追寻这样的周期律，记录更多企业超越周期律的传奇。

新沪商联合会轮值主席

零点研究咨询集团董事长

2014年12月

目　　录

前言

勾画民营经济发展的几抹橙色

橙色代表富足、快乐和收获。它使人联想到秋天，联想到丰硕的果实。2014年秋初，上海新沪商联合会与零点研究咨询集团再次携手推进“中国民营企业发展指数”研究。在这本集中展示研究成果的报告中你会发现：民营经济在2014年成果丰硕，成为中国经济2014年版的绝对主角。

橙色传达活力和健康概念。它通常与阳光、维他命相关联，温暖而热烈。这种活力之于民资，源自民营企业在激烈市场竞争中形成的向上品格，源自民营经济在争取平等的市场主体地位过程中练就的韧性，源自民营企业家珍视一切发展机遇的孜孜追求和对己、对人、对社会的崇高责任。

橙色欢快活泼，给人带来希望。它象征未来与革新，与民营企业气质相吻合。创新是民营企业的本能，每个民营企业的诞生都源自对一个新行业、新技术、新项目或新市场的挖掘；创新是民营企业的利器，对于以中小企业为主的这个群体而言，只有不断创新才能在激烈市场竞争中立于不败；创新是民营企业的基础性贡献，与拉动经济增长和促进社会就业一道，构成中国经济新引擎的核心动力。

橙色明视度高，醒目而吸引人。它是工业安全色和警戒色，提示风险与危机。在本报告中，中小民营企业面临的融资难题、人力成本上升、政策制约和无序竞争等突出瓶颈再次被强调；而房地产、低端制造业和传统的商务服务业与生活服务业等处于落后或衰退中的产业前景也将得到充分关注。

我们以橙色勾画民营企业的发展轨迹，旨在让全社会分享民营企业快速发展的喜悦，传递民营企业向上、坚韧、创新与有担当的正能量。同时，我们也期待这本报告能提升政策制定者对民营企业发展难题的重视程度，提升落后产业投资者的危机意识，为中国民营企业发展贡献一分力量。

关于本项研究

2014 年是民营企业喧阗的一年。阿里、京东、新浪微博和智联招聘等网络巨头争先恐后地完成了上市计划，阿里创下全球范围内规模最大的 IPO 交易记录之一；“天猫商城”在“双 11”当日成交额不出意料地再创新高，达到 571 亿元，使“双 11”名副其实地成为全球最大规模的商业促销活动；民营企业海外资产配置纷纷提速，并购趋势愈发明显，普华永道数据显示前三季度中国民营企业海外并购交易数量达 120 宗，是国有企业交易数量的两倍之多，交易金额同比增长超 120%。

2014 年是民营企业减负的一年。新一届中央领导集体成立以来，“简政放权”、激发企业活力和切实减轻企业负担成为深化经济改革和行政体制改革的关键目标。一年多来，先后有 632 项行政审批事项被取消和下放。上海自贸区先行先试，分别出台“权力清单”与“负面清单”，为政府和市场的边界勾勒出一条清晰界线；天津滨海新区以“壮士断腕”的决心抓审批制度改革，李克强总理亲自见证 109 枚公章被永久封存；工商总局 3 月正式发文停止企业年检制度。根据国家行政学院向国务院呈报的有关前 4 批取消、下放的 416 项审批事项第三方评估报告，针对 221 家受访企业发放的 2 000 多份问卷结果显示，企业对“简政放权”认可度超过 60%。

2014 年是民营企业破冰的一年。党的十八届三中全会决定将“积极发展混合所有制经济”单列一条，引导国有经济与民营经济搁置市场主体地位公平性的争议、共同开发国民经济发展新动力，垄断性国企将属于竞争性的业务和环节让渡出来，民营资本获得更多投资平台；“大力发展服务业”的刺激政策初见成效，在一季度我国经济增速放缓的情况下，服务业仍然保持49%的高速增长，各地新增登记注册企业中服务业企业的比例高达2/3，“成为经济社会发展的新引擎”；7月，银监会正式批准首批三家民营银行的筹建申请，金融业全面引入竞争机制。

当全球性经济危机的后续负面影响逐渐消退，当危机应对过程中出现的“国进民退”争论逐渐平息，民营企业在2014年低调转身——“弯道超车”，在与国有企业的竞争中杀出一条新路；当我们刚刚适应民营企业作为“国民经济的重要组成部分”，当我们集中关注民营企业在稳增长、促就业方面的表现，民营企业已不露声色地扮演新角色——在建设“创新型国家”和实现产业升级与经济结构调整方面发挥引领作用；当我们呼吁为民营企业的健康和可持续发展创造公平的法制、政策和舆论环境，为引导和规范和壮大“小微企业”要政策、要资源时，民营企业内部的分化正在悄然形成——两高产业（高端服务业、高端制造业）搭上高新技术与互联网经济顺风车成绩斐然，传统制造业与传统服务业仍陷在融资难、招工难和激烈的行业竞争中，而教育文化产业则集体面临着发展战略混沌，产业难以做大做强的困扰。

新形势下，民营企业发展出现新趋势、新动向，民营经济在国民经济中呈现新角色、新定位。归纳、总结这些已经发生和正在发生的变革对深入民营企业研究非常重要。同时，针对民营企业内部出现的发展格局分化，进行行业对比研究、跨行业研究，找出各行业发展的一般性规律并对落后产业、危机产业发展提出策略性建议也非常重要。

由享有盛誉的沪商团体“上海新沪商联合会”与权威智库零点研究咨询集团共同推动的“中国民营企业发展指数”研究，核心目的就在于记录中国民营企业的发展轨迹，探寻中国民营企业的发展规律。在本项研究进入第3个年头之际，项目组期冀通过提升评价体系的科学性、增加与民营企业家的直接互动和引入行业对比研究与跨行业研究，为读者提供有关中国民营企业发展的更权威、更深刻的洞察发现。

为此，以“2014中国民营企业发展指数”为蓝本，项目组征询、汇总了多位经济学家与企业一线管理者意见，在进行指标体系与权重体系调整后形成了“2015中国民营企业发展指数”。依照新生成的指标体系，零点研究咨询集团指标数据公司研究人员完善了定量问卷设计，并于 2014 年 8—10 月间在全国范围内对 302 名民营企业家进行了电话访问。访问采用“滚雪球”抽样方法进行，受访者均为本土民营企业的董事长、总裁、总经理及其他总监以上级别的高级管理人员。相比上年度实际完成样本量（150 个），本次调查样本量翻了一番（图 1、图 2）。

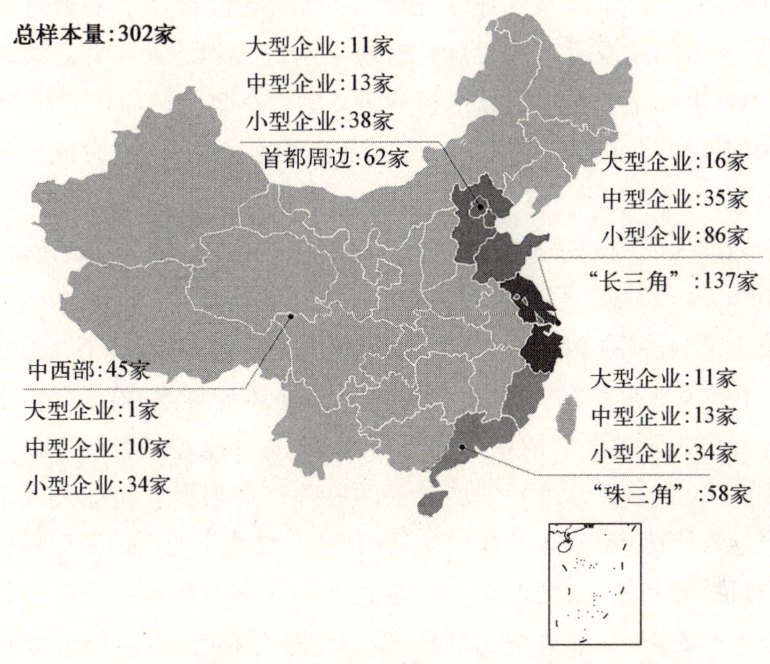

图 1 “2015 中国民营企业发展指数”受访企业地域分布、规模分布

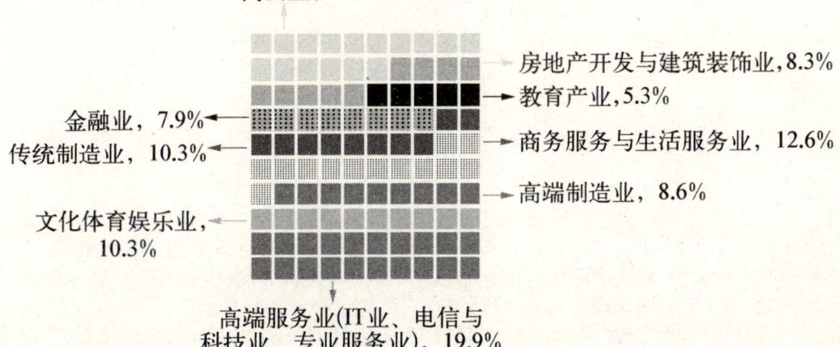

图 2 “2015 中国民营企业发展指数”受访企业行业分布

调查覆盖全国 4 大区域（首都周边、“长三角”、“珠三角”和中西部地区[①]），9 大行业（IT、电信与专业技术服务业，商务服务与生活服务业，高端制造业，传统制造业，教育行业，金融业，商贸业，文化体育与娱乐业和房地产开发及建筑装饰规划设计业等）。样本量分配综合考虑了企业成立年限[②]、企业规模[③]等因素。

在研究方案设计、指标体系调整、定量问卷设计及书稿撰写统筹期间，我们参考阅读政府文件、行会报告、学术论文和统计年鉴等文献近千篇，为本书填充了大量权威数据和鲜活案例。在此，我们向热情支持本项研究和积极参与定量调查的 302 位民营企业家致谢，向既有成果的研究者们致敬！

作为此项研究成果的集中展示，《2015 中国民营企业发展指数》共分为 4 个部分：见微知著、见末明本、见贤思齐和见时知几。

第 1 部分展示民营企业在 2014 年度的核心发展指标；第 2 部分是对“2015 中国民营企业发展指数”调查结果的描述与解读；第 3 部分从行业视角探寻民营企业发展的未来趋势与瓶颈，先后梳理了各行业民营企业的发展脉络、当前民营企业发展水平的雁阵格局与民营企业发展水平分化的深层次原因；第 4 部分结合互联网思维、民营企业上市潮和民营企业“二代接班”等新概念、新现象为民营企业的未来发展提供策略建议。由于作者水平有限，研究周期相对紧张，书中难免存在一些问题，希望专家和广大读者不吝赐教。

① “长三角”地区包括上海、江苏、浙江 3 个省级行政单位；“珠三角”地区包括广东、海南、福建 3 个省级行政单位；“首都周边”包括北京、天津、河北、山东 4 个省级行政单位。中西部地区指以上 3 个经济区域之外的省份，此次实际执行的包括重庆、四川、贵州、云南、吉林、辽宁、黑龙江、山西、陕西、新疆、安徽、湖北和河南。调查共计涉及全国 24 个省、直辖市和自治区。

② 在本报告中，企业成立年限划分为 1992 年以前；1992—2002 年和 2003 年及以后。

③ 企业规模根据员工数量、企业年营业收入两项核心指标确定。各行业的规模标准根据实际情况存在差异。

指标体系调整方案

本研究采取国际通用的德尔菲法(Delphi)①,借助于指数研究工具②系统评价中国民营企业发展面临的外部环境和内部运营状况。指标体系的最初蓝本是2012年项目组对多位知名专家学者和企业家进行3轮意见征询后整理得出的"2013中国民营企业发展指数"指标体系。在上一年度,项目组对指标体系进行了微调,并形成"2014中国民营企业发展指数"。本着"继承与发展相统一"的基本原则,本年度项目组对指标体系再次进行了调整与完善,并最终形成了"2015中国民营企业发展指数"指标体系。指标体系调整的具体考虑是:

大指标保持稳定

保持指标体系稳定,是对延续性指数类研究的基本要求。在指标体系基本稳定的前提下,历年指数得分才有具体可比性,从而使"中国民营企业发展指数"成为观察民营经济生存环境与发展状况的重要年度性数据。

小指标有所创新

(1) 反映经济、社会的新发展。例如,在经济环境指标下,新增"市场化程度"三级指标,以体现民营经济发展与市场经济发展的高关联性;在整合技术创新指标的同时,加入"商业模式创新"和"管理模式创新"等指

---

① 德尔菲法是一种直观的研究方法,其本质是利用专家的知识、经验、智慧等无法数量化的和带有很大模糊性的信息,通过一定的方式进行信息交换,逐步取得较一致的意见,达到科学研究的目的。

② 指数(index)是一种以数值方式显示特定领域问题、意义的测量工具,可以使一些复杂、模糊、通常不宜测试的现象,以可度量的数字形式表现出来。典型的指数往往由指标体系(indicator)与权数体系(weight)结合构成,前者解决测量某类问题所需要考虑因素的范围与数量;后者体现不同因素对于整体结果所具有的不同贡献度。

标以体现民营企业竞争的新领域；整合“生活方式影响”指标，新增“社会舆论影响”指标，以体现电子商务、互联网金融、社交网络等与企业发展战略和企业文化密切相关的发展新动向。

（2）优化指标体系的层级，使各级指标所指向的事务领域在重要程度上基本一致。例如，将“行业交易活跃度”“行业规模增长”两个三级指标整合为“行业活跃度”，从而与同级指标“行业竞争度”“行业开放度”相对应；将“安全生产”“环境保护”和“公益慈善”等指标整合为“社会贡献”，从而与同级指标“财政贡献”和“就业贡献”相对应；将“薪酬竞争力”与“晋升激励机制”指标整合为“激励机制”等。

（3）删除不具有普适意义的指标或降低这部分指标的权重。例如，“生产要素价格”“上、下游议价能力”等指标仅适用于部分行业或与部分行业的关联度更高，因此在此次指标体系调整过程中予以删除；“投资回报与协同”指标仅适用于存在投资行为的企业，因此予以删除；“研发投入”与“研发转化”指标仅适用于部分技术类企业或与技术类企业的关联度更高，因此整合为“产品/服务创新”指标，并与“商业模式创新”“管理模式创新”指标分享权重；“区域政策优势”指标在各经济地理区域的指向不一致，不适合作为全国性指数的指标，因此予以删除。

宏观环境

- 政策环境：民营企业发展政策、政府服务水平
- 经济环境：宏观经济景气、财政货币政策、市场化程度
- 社会环境：生活方式影响、社会舆论影响

行业环境

- 行业景气：行业活跃度、行业竞争度、行业开放度
- 行业管理：行业政策、行业监管与行业标准
- 产业发展：产业集群程度、行业协会

企业管理

- 战略统筹：资源供给
- 市场组织：渠道维护
- 资金使用：盈利能力、融资能力
- 技术创新：产品/服务创新、管理模式创新、商业模式创新
- 人力资源：管理者素质、人才结构、激励机制、人员稳定性
- 企业责任：财政贡献、就业贡献、社会贡献

图 3 “2015 中国民营企业发展指数”指标体系构成

调整后，“2015 中国民营企业发展指数”指标体系下设 3 个一级指标、12 个二级指标与 28 个三级指标，指标体系的具体构成如图 3。

附：

宏观环境

政府服务水平　　民营企业发展政策

- 政策环境：~~政策扶持力度、政府办事效率、区域政策优势~~
- 经济环境：宏观经济景气、财政货币政策、~~生产要素价格~~、（市场化程度）
- 社会环境：~~人口增长与人口结构变化、收入增长与生活方式变革~~、（社会舆论影响）

生活方式影响

行业环境

行业活跃度

- 行业景气：~~行业交易活跃度、行业规模增长~~、行业竞争度、行业开放度
- 行业管理：行业政策、行业监管与行业标准、~~行业协会~~
- 产业发展：产业集群程度、~~上游议价能力、下游议价能力~~、行业协会

企业管理

- 战略统筹：~~治理结构、战略制定~~、资源供给
- 市场组织：客户渠道维护、~~品牌价值竞争力~~
- 资金使用：盈利与偿债能力、融资需求及能力、~~投资回报与协同~~
- 技术创新：~~研发投入、研发转化~~、（管理模式创新、商业模式创新）

产品/服务创新

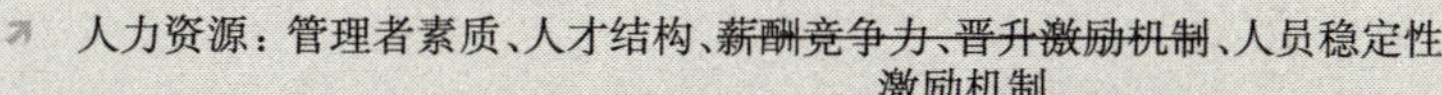

- 人力资源：管理者素质、人才结构、~~薪酬竞争力、晋升激励机制~~、人员稳定性

激励机制

- 企业责任：财政贡献、就业贡献、~~安全生产、环境保护、公益慈善~~

社会贡献

图 4　指标体系调整方案详解

图 4 以“2014 中国民营企业发展指数”为蓝本，呈现了对指标进行删减、增加与整合的具体方案。

整合指标：

政府服务水平

“政策扶持力度”与“政策办事效率”合并为“政府服务水平”，并在问卷设计中加入“政府服务意识”“政府廉洁程度”等内容。

民营企业发展政策

“区域政策优势”调整为“民营企业发展政策”。

生活方式影响

“人口增长与人口结构变化”与“收入增长与生活方式变革”合并为“生活方式影响”。

行业活跃度

“行业交易活跃度”与“行业规模增长”合并为“行业活跃度”，从而与同级指标“行业竞争度”、“行业开放度”对应。

行业协会

为体现行业协会职能由管理向服务的转变，“行业协会”由“行业管理”二级指标调整至“产业发展”下。

渠道维护

“客户渠道维护”与“品牌化价值竞争力”合并为“渠道维护”。

盈利能力与融资能力

“盈利与偿债能力”调整为“盈利能力”，以避免“偿债能力”相关问题不适用于全部企业；由于“融资需求”不直接体现企业发展状况，“融资需求及能力”调整为“融资能力”并与“盈利能力”相对应。

产品/服务创新

在“技术创新”二级指标下，整合“研发投入”和“研发转化”为“产品/服务创新”。

激励机制

“薪酬竞争力”与“晋升激励机制”合并为“激励机制”。

社会贡献

“安全生产”“环境保护”和“公益慈善”合并为“社会贡献”，并与“财政贡献”“就业贡献”指标相对应。

删减指标：

生产要素价格

在“经济环境”二级指标下，删减“生产要素价格”三级指标。

上下游议价能力

在“产业发展”二级指标下，删减“上游议价能力”和“下游议价能力”三级指标。

治理结构与战略制定

在“战略统筹”二级指标下，删减“治理结构”和“战略制定”三级指标。

投资回报与协同

在“资金使用”二级指标下，删减“投资回报与协同”三级指标。

新增指标：

市场化程度

在“经济环境”二级指标下，新增“市场化程度”三级指标，以体现充分市场竞争和市场主体平等性与民营企业发展的高度相关性。

社会舆论影响

在“社会环境”二级指标下，新增“社会舆论影响”三级指标，以体现社交网络、社交媒体等社会舆论新要素对民营企业发展的影响。

管理模式创新与商业模式创新

新增“管理模式创新”和“商业模式创新”指标，以综合评价企业创新能力。

见微知著

“智者，知也。独见前闻，不惑于事，见微知著者也。”见微知著，意指见到苗头，就知道事物的实质和发展趋势。本章将列举2014年度中国国民经济运行基本数据、中国民营经济发展基本数据和民间投资基本数据，以数据描摹民营经济在中国经济中地位的变化，并勾画未来5～10年民营企业发展的大致轨迹。

2014年国民经济运行基本状况

国家统计局数据显示，2014年中国经济稳中有进(图5)，上半年国内生产总值增长了7.4%。经初步核算，前三季度国内生产总值419 908亿元，按可比价格计算，同比增长7.4%。前三季度，全国规模以上工业增加值按可比价格计算同比增长8.5%，增速比上半年回落0.3个百分点。分经济类型看，国有及国有控股企业增加值同比增长5.2%，集体企业增长2.6%，股份制企业增长9.9%，外商及港澳台商投资企业增长6.7%。分三大门类看，采矿业增加值同比增长4.8%，制造业增长9.6%，电力、燃气和水的生产和供应业增长3.1%。分地区看，东部地区增加值同比增长8%，中部地区增长8.5%，西部地区增长10.6%。前三个季度，全国固定资产投资(不含农户)357 787亿元，同比名义增长16.1%(扣除价格因素实际增长15.3%)，增速比上半年回落1.2个百分点。其中，国有及国有控股投资112 369亿元，增长14.1%；民间投资231 509亿元，增长18.3%。

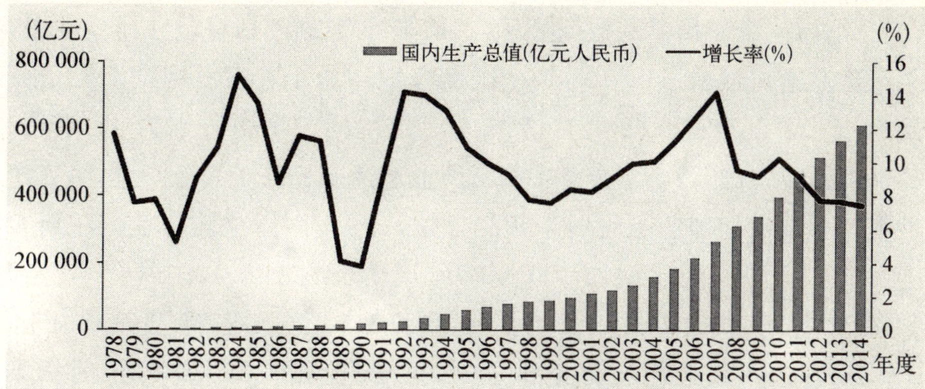

图 5　1978—2014 年国内生产总值变化情况

数据来源：国家统计局。
注：本文成稿时 2014 年总体数据尚未公布，本图所用数据为估算值。

2014 年 3 月实施的注册资本登记制度改革，将注册资本由实缴登记制改为认缴登记制、企业年检改为年报公示制度，商事制度改革实施后，全国新登记注册市场主体显著提升，显示民间投资热情和市场主体活力进一步被激发。2014 年 1—10 月，全国新登记注册企业 292.08 万户，增长 52.58%。其中在刚刚进行商事制度改革后的 3—10 月，全国新登记企业数量月均超过 30 万户(图 6)，同比增长 14.4%，注册资本(金)12.59 万亿元，增长 76.39%。

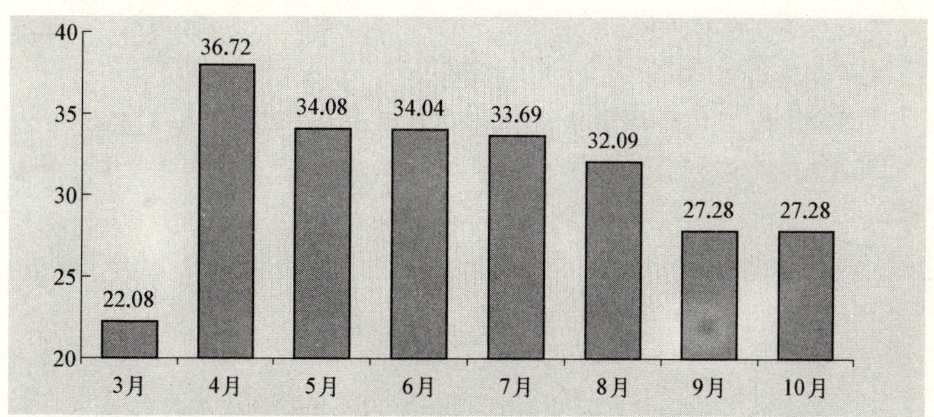

图 6　商事制度改革以来全国新登记注册市场主体户数变化情况(万户)(2014 年 3—10 月)

数据来源：国家工商总局。

此外，国家工商总局数据显示，2014 年前三季度新登记注册企业中，第三产业增长强劲。1—10 月，全国新登记注册企业在三次产业数量分别为 12.72 万户、49.62 万户、229.73 万户，同比增速分别为 42.15%、35.84%、57.41%。新增企业中第三产业增速明显高于其他产业，第三产业在新增数量和增速上均居于领先地位。1—10 月，全国新登记注册企业 292.08 万户，同比增加 100.65 万户，增长 52.58%，注册资本（金）14.85万亿元，同比增加 7.55 万亿元，增长 1.03 倍。商事制度改革以来，3—10 月，全国新登记注册企业 251.46 万户，增长 56.20%，注册资本（金）12.97 万亿元，增长 90.21%。平均每天新登记注册企业 1.03 万户。

企业在信息技术等新兴行业继续高速增长。从行业看，1—10 月企业在信息传输、软件和信息技术服务业新登记 11.55 万户，同比增长 99.33%，文化、体育和娱乐业 5.14 万户，增长 84.58%，科学研究和技术服务业 21.07 万户，增长 72.42%。

2014 年民营经济比重及变化情况

2014 年，我国的民营经济总体继续保持了持续上升的发展态势，全国市场主体数量稳步增长，尤其是 3 月 1 日实施了注册资本登记制度改革以来，市场活力被进一步激发，新登记注册市场主体呈现快速增长。

国家工商总局数据显示，截至 10 月底，全国实有企业 1 756.72 万户，同比增长 18.4%，注册资本（金）124.53 万亿元，增长 32.47%。内资企业 1 711.06 万户，增长 18.88%，注册资本（金）110.85 万亿元，增长 35.51%。其中，私营企业 1 485.62 万户，增长 22.83%，注册资本（金）54.93 万亿元，增长 46.78%（图 7）。

分析国家工商总局近年来发布的统计数据可知，2014 年以来，我国私营企业和外商投资企业的数量及规模在全国企业总量中的比重继续增加，个体工商户与企业户数的比值继续缓慢下降。

资料显示，2011 年 9 月底，我国非公有制企业数量占企业总数的比

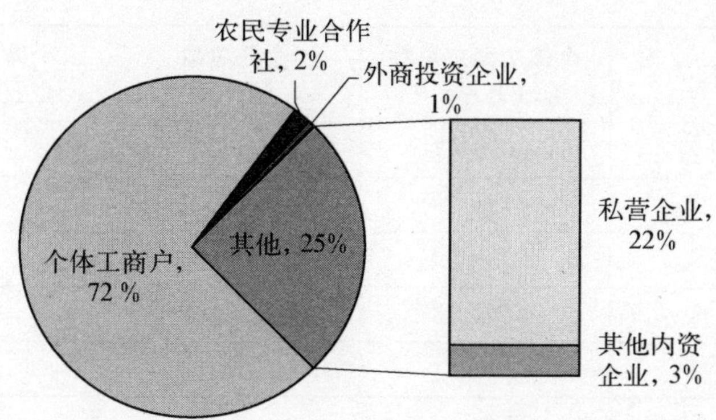

图 7　全国各类市场主体实有户数结构图(截至 2014 年 10 月)

数据来源：国家工商总局。

重突破 80%，达到 80.3%。2012 年 6 月底，这一数据达到 81.74%；2013 年年底，这一数据达到 84.99%；2014 年 9 月底，增长到 89.54%。

2014 年前三季度，非公有制市场主体在数量上呈持续增加态势。截至 9 月底，2014 年全国新登记注册私营企业 250.08 万户，同比增长 55.46%；新登记注册外商投资企业 2.77 万户，同比增长 7.41%；新登记注册个体工商户 630.5 万户，同比增长 1.8%；新登记注册农民专业合作社 24.95 万户，同比增长 21.72%。

截至 2014 年 9 月底，全国实有个体工商户 4 814.51 万户，为全国企业户数的 2.78 倍。通过查询国家工商总局相关统计数据后发现，这一倍数呈持续下降趋势：2011 年 6 月底，全国个体工商户户数为企业户数的 3.02 倍；2012 年 6 月为 2.98 倍，到 2012 年年底降为 2.97 倍；2013 年 6 月为 2.94 倍，2013 年年底变成 2.9 倍；2014 年 6 月底则变为 2.82 倍(表 1)。

表 1　近年来个体工商户与企业户数变动情况

时　间	个体工商户总数(万户)	企业总数(万户)	个体工商户与企业户数比值
2011 年 6 月	3 601.13	1 191.16	3.02
2012 年 6 月	3 896.07	1 308.57	2.98

（续表）

时　　间	个体工商户总数（万户）	企业总数（万户）	个体工商户与企业户数比值
2012 年 12 月	4 059.27	1 366.6	2.97
2013 年 6 月	4 134.78	1 408.31	2.94
2013 年 12 月	4 436.29	1 527.84	2.90
2014 年 6 月	4 648.73	1 648.21	2.82
2014 年 9 月	4 814.51	1 732.58	2.78

数据来源：国家工商总局。

从 2011 年 6 月以来，个体工商户数量的增速一直慢于企业数量的增速，这表明我国个体工商户向企业的转型升级一直在有条不紊地进行。这些数据表明，我国企业经营环境水平持续提高，非公有制市场主体的质量不断增加，整个非公有制经济继续呈现蓬勃发展态势。

2014 年民间投资比重及变化情况

我国民间投资近年来的发展也呈现出总量比重稳步提高、投资结构逐步优化的特点。从总量来看，2011—2013 年，民间投资占全社会固定资产投资的比重为 60.3%、61.4%、63%，增速为 34.3%、24.8%、23.1%，分别高于同期全社会固定资产投资增速 8.7 个、10.5 个、3.5 个百分点，对促进经济平稳较快发展发挥了重要作用。

根据国家统计局公布的最新统计数据，2014 年 1—10 月，全国民间固定资产投资 231 509 亿元，同比名义增长 18%（图 8），增速比 1—9 月份加快 0.3 个百分点。民间固定资产投资占固定资产投资的比重为 64.7%。

分地区看，东部地区民间固定资产投资 125 597 亿元，同比增长 16.2%，增速比 1—9 月回落了 0.3 个百分点；中部地区 81 705 亿元，增长 18.4%，增速回落了 0.3 个百分点；西部地区 55 347 亿元，增长 20.6%，

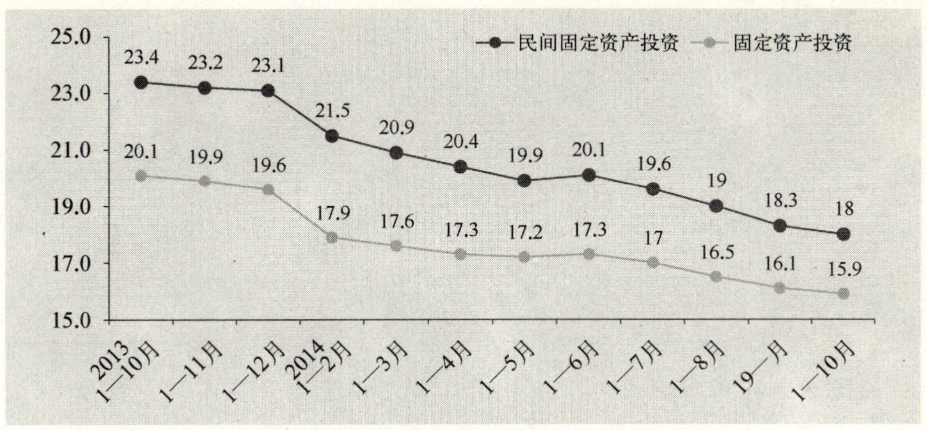

图8　民间固定资产投资和固定资产投资增速(%)

数据来源：国家统计局。

增速回落了0.2个百分点。

分产业看，第一产业民间固定资产投资7 738亿元，同比增长31.8%，增速比1—9月加快0.6个百分点；第二产业133 169亿元，增长16.6%，增速回落了0.4个百分点；第三产业121 742亿元，增长18.7%，增速回落了0.2个百分点。

第二产业中，工业民间固定资产投资131 853亿元，同比增长16.4%，增速比1—9月加快了0.4个百分点。其中：采矿业6 759亿元，增长2.9%，增速回落了3.1个百分点；制造业119 092亿元，增长16.8%，增速回落0.2个百分点；电力、热力、燃气及水的生产和供应业6 002亿元，增长26.3%，增速加快了0.7个百分点。

见末明本

“物有本末，事有终始。”穷尽细枝末节与因果联系，并厘清轻重缓急才能看清事物本质。指数研究旨在规定测量某类问题所需要考虑因素的范围与数量，并考虑不同因素对于整体结果所具有的不同贡献度，最终使一些复杂、模糊、通常不宜测试的现象，以可度量的数字形式表现出来。本章通过对“2015 中国民营企业发展指数”各项指标的得分情况与变动趋势进行详细描述与深入解读，揭示民营企业的优势与短板，探寻政策改进空间，并从行业视角洞察民营企业的竞争格局与未来趋势。

通过对指数研究定量问卷样本进行数据分析和指数计算，“2015 中国民营企业发展指数”总指数得分为 68.76 分，相比 2014 年总指数得分 62.54 分“稳中有进”。其中，宏观环境、行业环境与企业管理三项一级指标的得分分别为 58.5 分、73.64 分和 70.92 分(图 9)。

在 12 个二级指标中，“行业环境”一级指标下属的社会环境，“企业管理”一级指标下属的市场组织、技术创新和人力资源等指标得分高出平均水平；而宏观经济环境(55.08 分)、政策环境(55.47 分)两个二级指标的得分则明显低于总指数得分。其中宏观经济环境和政策环境两个指标的权重在全部二级指标中分别排在第 2 位和第 3 位，属于重要性较高但实际表现较差的指标。

需要指出的是，尽管宏观经济的指标得分仍然处于下游，但与上一年相比，本年度民营企业在该指标上的表现有了明显改善。与之相关，市场

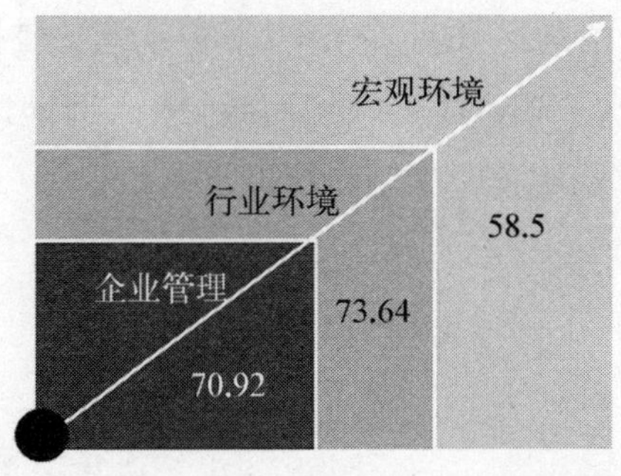

图 9 “2015 中国民营企业发展指数”一级指标得分情况

数据来源：上海新沪商联合会、零点研究咨询集团，“2015 中国民营企业发展指数”。

组织指标得分也出现较大提升。从一定意义上说，全球经济逐渐走出低谷，民营企业对宏观经济环境和国内外“两个市场”活力的评价恢复乐观。另一个分数有明显提升的指标是行业管理，这体现出新一届中央领导集体在深化改革、推动简政放权上的努力有了初步成果，也体现出民营企业对新政持有期待(图 10)。

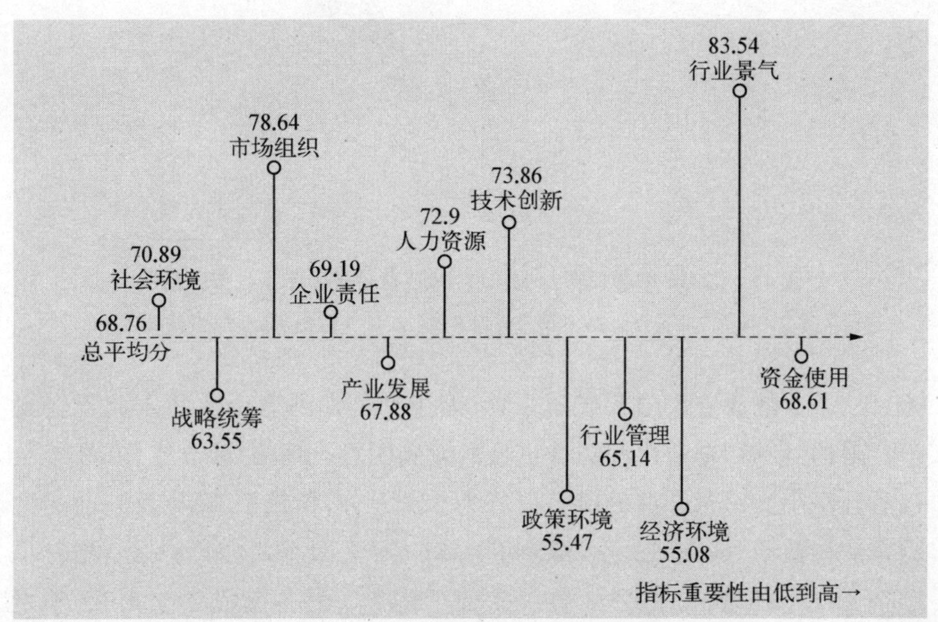

图 10 “2015 中国民营企业发展指数”二级指标得分情况

数据来源：上海新沪商联合会、零点研究咨询集团，“2015 中国民营企业发展指数”。

分区域看，珠三角地区民营企业(69.89 分)发展指数得分依然最高，长三角地区(68.75 分)紧随其后。相对地，中西部地区(68.45 分)和环渤海经济区域(67.96 分)的指数得分较低(图 11)。

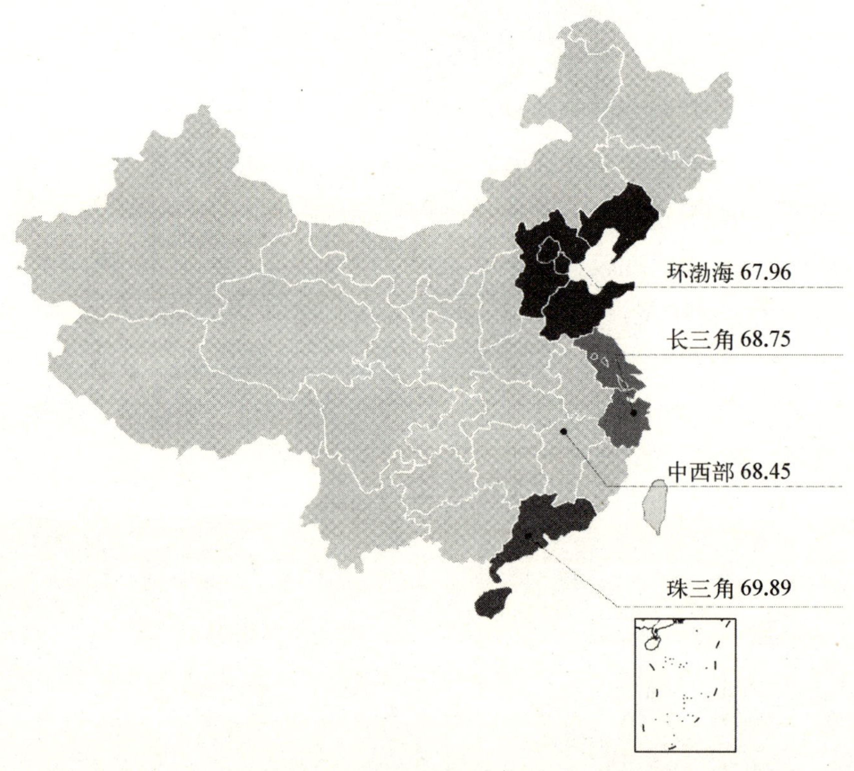

图 11 “2015 中国民营企业发展指数”各经济区域指数得分情况

数据来源：上海新沪商联合会、零点研究咨询集团，“2015 中国民营企业发展指数”。

从企业的成立年限和规模来看，处于初创期的新企业和人员资金规模有限的“小微”企业仍面临着更大的发展困难。其中，成立于 2003 年及以后且是小微民营企业的指数得分为 68.05 分，相较 1992 年及以前的大型企业指数得分(72.92 分)相差了 4.87 分；大型企业(71.81 分)相对小型企业(67.91 分)的得分优势也达到了将近 4 分。而成立于 1992 年之前的大型企业的指数得分(76.36 分)高出成立于 2003 年以后的小型企业(67.41 分)8.95 分(图 12、图 13、图 14)。

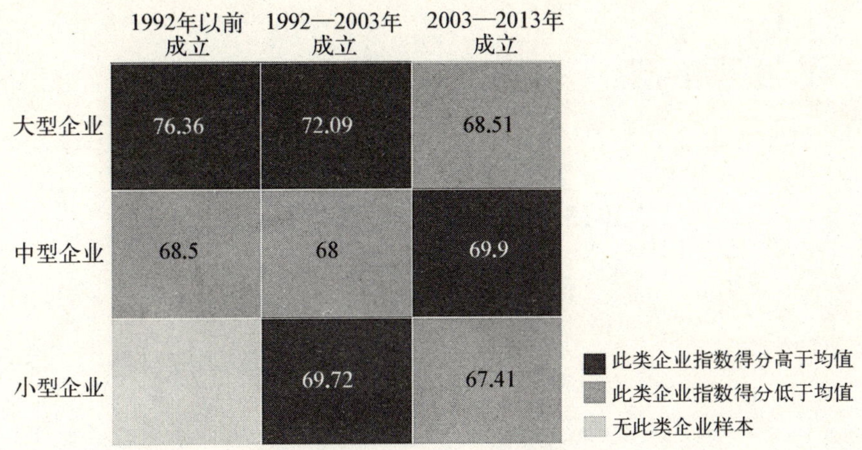

图 12 “2015 中国民营企业发展指数”各类企业指数得分分布(满分：100 分，下同)

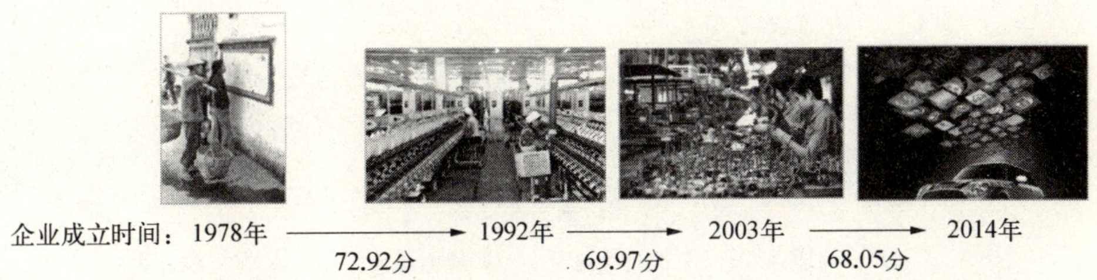

图 13 “2015 中国民营企业发展指数”不同成立年限的企业指数得分情况

数据来源：上海新沪商联合会、零点研究咨询集团，“2015 中国民营企业发展指数”。

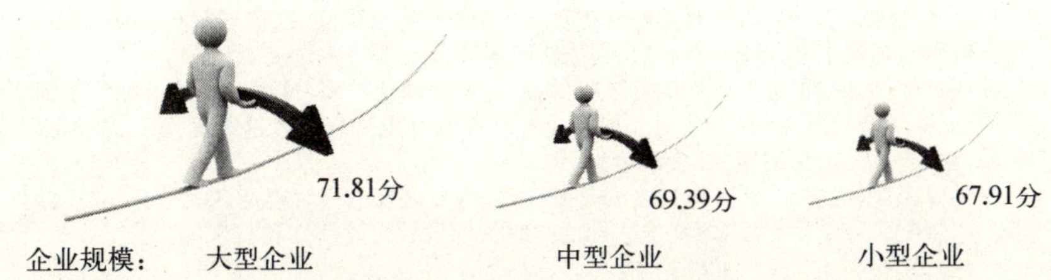

图 14 “2015 中国民营企业发展指数”不同规模企业指数得分情况

数据来源：上海新沪商联合会、零点研究咨询集团，“2015 中国民营企业发展指数”。

扩展阅读

“2015 中国民营企业发展指数”各二级指标重要性推导模型

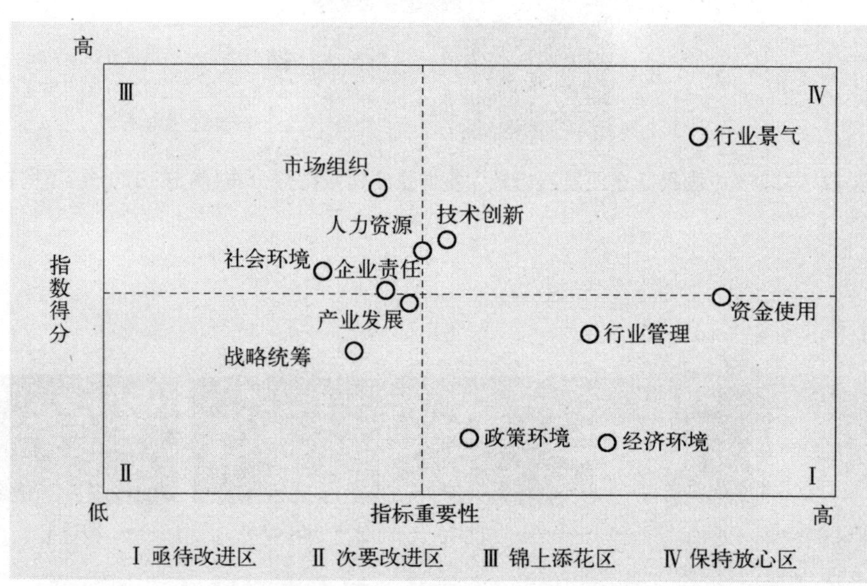

图 15 “2015 中国民营企业发展指数”各二级指标重要性与实际表现关联度分析

数据来源：上海新沪商联合会、零点研究咨询集团，“2015 中国民营企业发展指数”。

横轴体现各二级指标在总指数中的权重高低；纵轴体现该二级指标的实际指数得分。

生存环境提升区（Ⅰ）：代表着重要性高，但得分表现低，这个区间的指标需要重点提升。落在这个区间的二级指标包括：资金使用、经济环境、行业管理和政策环境。

生存环境边缘区（Ⅱ）：代表着重要性相对低，得分表现也较低，这个区间的指标需要关注。落入这个区间的指标主要包括：产业发展、战略统筹。

生存环境保持区（Ⅲ）：代表着重要性较低，得分表现却比较高，这个区间的指标属于锦上添花型，只要能够维持目前的情况，就对发展环境的改善没有阻碍。落入这个区间的二级指标有：人力资源、企业责任、市场组织、社会环境。

生存环境优势区（Ⅳ）：该区域代表着重要性高，得分表现也相对较高，这个区间的指标具有优势性。本年度研究结果显示，落在本区间的二级指标包括行业景气和技术创新。

弃瑕以拔才，断腕以明志

我在地方调研的时候常听到这样的抱怨，办个事、创个业要盖几十个公章。群众说恼火得很。这既影响了效率，也容易有腐败或者寻租行为，损害了政府的形象。必须从改革行政审批制度入手来转变政府职能。现在国务院各部门行政审批事项还有1 700多项，本届政府下决心要再削减三分之一以上。把错装在政府身上的手换成市场的手。这是削权，是自我革命，会很痛，甚至有割腕的感觉，但这是发展的需要，是人民的愿望。我们要有壮士断腕的决心，言出必行，说到做到，决不明放暗不放，避重就轻，更不能搞变相游戏。

——2013年3月17日，李克强总理在十二届全国人大一次会议闭幕后会见记者时的谈话

向深化改革要动力。改革是最大的红利。当前改革已进入攻坚期和深水区，必须紧紧依靠人民群众，以壮士断腕的决心、背水一战的气概，冲破思想观念的束缚，突破利益固化的藩篱，以经济体制改革为牵引，全面深化各领域改革。

——2014年3月5日，李克强总理在十二届全国人大二次会议上所作的政府工作报告

当李克强总理在2013年“两会”闭幕时作出“以壮士断腕的决心深化改革”的表态，在场记者和收看电视直播的民众对新一届政府推进“简政放权”的力度或许还有所怀疑。“喊破嗓子不如甩开膀子”——20个月内，国务院已先后宣布取消和下放632项行政审批事项——长长的名录成为政府改革决心的最好注释。

调查数据显示，民营企业对“简政放权”改革的评价颇高：74.2%民

营企业家认同中央政府全面深化改革的整体成绩；71.1%对中央政府正确处理经济事务的能力有信心；56.7%认可政府部门在“简政放权”上作出的努力。与此相关，民营企业对市场的基础性作用基本表示认可。在本次指数调查中，61.6%的受访企业家非常同意或比较同意当前市场在资源配置上起基础性作用。

从民营企业对政府政务水平的评价结果看，本年度指数研究结果呈现出几个特点（图 16）：

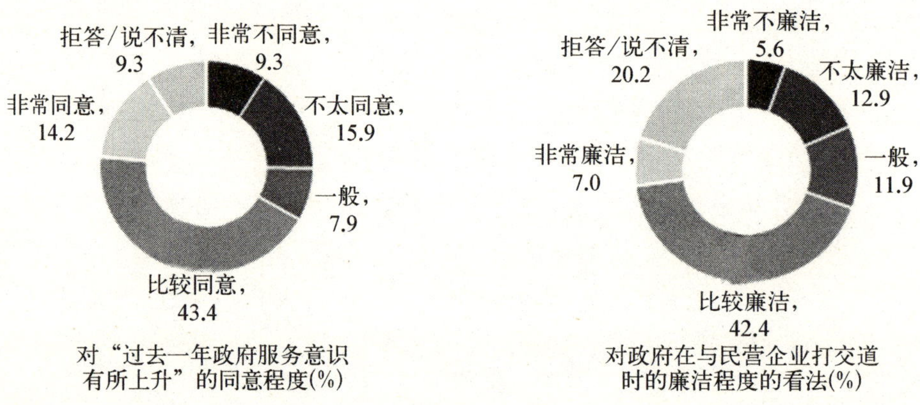

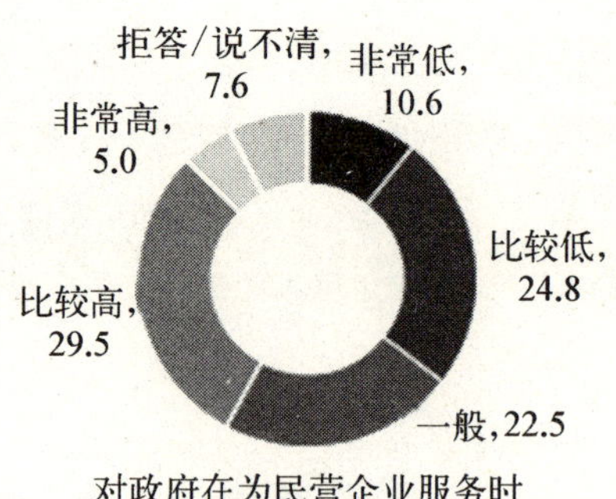

图 16　对政府相关服务的看法

数据来源：上海新沪商联合会、零点研究咨询集团.“2015 中国民营企业发展指数”。

对政府廉洁执政的认可度有明显提升。49.4%受访企业家认可当地政府在与民营企业打交道时“非常廉洁”或“比较廉洁”，与 2012 年（26%）相比这一比例上升了 20 多个百分点。相对而言，“珠三角”民营企业对政府廉洁性的认同度最高(53.5%);中西部地区相对较低,但也达到46.6%。整体来看,对政府廉洁性表示不认可的整体比例降至18.5%。

对政府服务意识的改进有一定共识。57.6%受访民营企业家对“政府在过去一年服务意识有所提升”这个说法表示认可。其中,首都周边民营企业家持此意见的比例达到69.3%。这与首都周边企业对政府扶持力度基准评价偏低不无关系,但也从一个侧面说明了各经济地理区域政府服务意识的整体改进。

对政府服务效率的提升相对认可。34.5%受访企业认为,在过去一年当地政府对民营企业的服务效率有所提升。尽管这一数值仍低于持相反意见的比例(35.4%),但与两年前相比(26.7%)仍有近10个百分点的提升。分地区来看,“珠三角”民营企业对政府效率的认同感最强(43.1%),首都周边的这一认同度则居末(29%)。

尽管政府的“简政放权”改革取得一定成绩,但政府工作与民营企业的要求仍有差距。尤其是,财政货币政策仍在一定程度上与民营企业争利;民营企业对政府扶持力度感知不明显;政府职能由管理者向服务者的转型迟缓,“吃拿卡要”行为仍广泛存在;市场主体平等性的保障系数低,民营企业对规范市场竞争和改革准入门槛政策存在期待。

(一) 各地区、不同规模与成立年限企业对税收、货币、利率、汇率等宏观经济政策的整体认同度仍然较低。仅两成(20.2%)企业认为当前宏观经济政策对本企业有利,而认为“非常有利”的企业则低至2.3%。2003年及以后成立的新企业对宏观政策的认同度相对更低。

分行业看,服务业民营企业对宏观政策的认可度偏低。这与国家新近出台的“大力发展生产性服务业,把服务业打造成经济社会发展新引擎”系列刺激政策及今年服务业呈现出的井喷式增长势头不相符合。其中,职业中介、租赁、物业管理、会展等商务服务业与住宿餐饮、家政、旅游、健康医疗、快递物流等生活服务业企业对宏观政策利好性持正面意见的比例仅为15.8%;而IT、电信和科学研究与技术专业等高端服务业企业对宏观政策持积极看法的比例也仅为13.4%。服务业的高速发展态势和服务业企业对国家宏观政策低认可之间的矛盾指向一个政策方向，即既要关注服务业的发展速度，也要重视服务业的发展质量。在一系列刺激政策出台后，决策部门要跟进配套措施，关注服务业企业集中面临的人力成本上升、人才结构滞后、行业内无序竞争等突出问题，引导本行业实现健康、规范和可持续发展。

金融业民营企业认可国家财政货币政策利好性的比例(29.2%)明显高于平均水平。考虑到财政货币政策和金融业的敏感关系，该行业对政策持高认同值得关注。一方面看，国家引导设立民营银行、疏通企业融资渠道和降低企业融资成本等系列政策对金融行业民营企业的积极作用显而易见；另一方面看，其他行业民营企业对财政货币政策利好性感知明显高于金融行业，也是财政货币政策需要进一步着力降低金融企业收益、降低融资成本，从而释放企业活力的强烈信号。

（二）从政企关系来看，相对于服务者，民营企业更倾向把政府角色定位为管理者。46%的民营企业认为政府主要扮演领导角色；7.6%认为政府主要是家长角色，两者比例之和超过半数(53.6%)。认同政府角色是保姆(2.6%)、伙伴(16.9%)和朋友(7%)等服务者形象的总数约占两成半(26.5%)(图 17)。

需要注意的是，过去一年中遭遇过来自政府工作人员“吃拿卡要”行为的民营企业将近四成(37.1%)。中西部地区民营企业有此遭遇的比例最高，达到 51.1%；首都周边民营企业有过类似经历的占 43.6%；“长三角”和“珠三角”地区民营企业的这一比例略低，分别为 32.1%和 31.1%。

民营企业与政府打交道面临的最突出问题仍是“门难进，脸难看，事难办”，22.5%的民营企业反映过去一年中遭遇过政府办事人员态度蛮横或违规增加、拖延审批环节；入选率排在次位的是“索要、接受红包礼品和接受宴请”(18.5%)。其他事项的入选比例和排序分别为：“强迫企业购买商品、报刊资料和参加社团、培训与评奖活动”(15.9%)；“无法定依据或超标准收费，不依法开具票据”(12.6%)；“摊派钱物、索要赞助或要求企业报销额外费用”(12.6%)和“向企业借款或者以借为名占用企业的汽车、房屋”(7%)(图 18)。

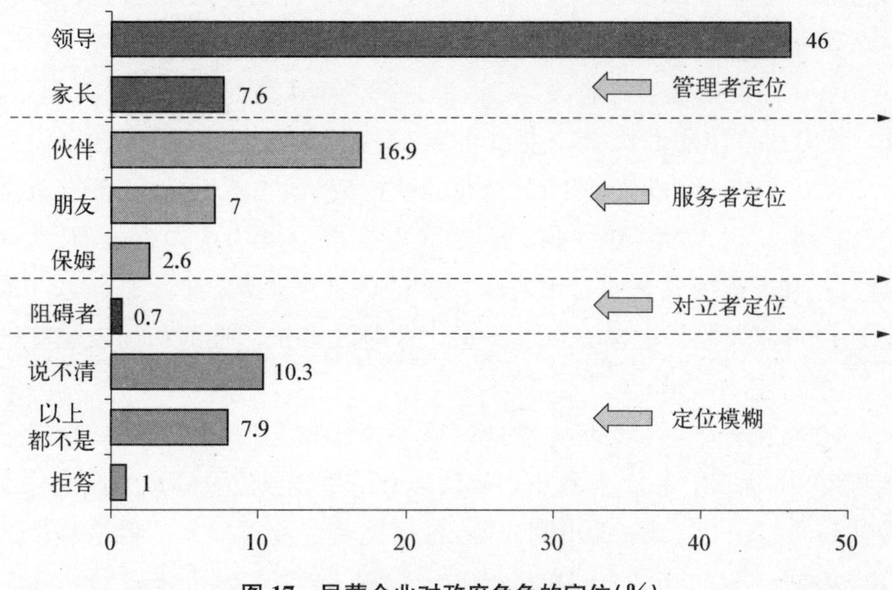

图 17　民营企业对政府角色的定位(%)

数据来源：上海新沪商联合会、零点研究咨询集团，"2015 中国民营企业发展指数"。

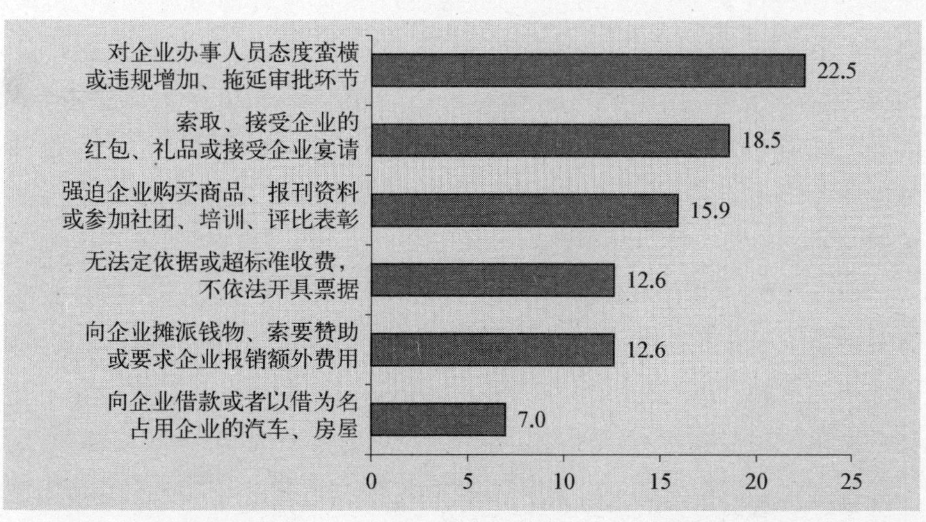

图 18　民营企业在过去一年遭遇政府工作人员"吃拿卡要"行为的比例(%)

数据来源：上海新沪商联合会、零点研究咨询集团，"2015 中国民营企业发展指数"。

相对而言，老企业面临的索要、接受红包礼品和接受宴请问题更突出，新企业遇到的“门难进，脸难看，事难办”现象则更多些。

（三）民营企业仍普遍认为政府的扶持力度不到位。调查结果显示，认可政府扶持作用的民营企业仅占到 17.9%，而持相反看法的则占到 64.6%。其中，认为政府对民营企业的扶持政策“非常不到位”的接近两成（19.9%）。相对地，珠三角地区对政府扶持力度的认同度最高，达到 31%；首都周边民营企业对政府扶持性的认同度最低，仅为 11.3%。成立于 2003 年及以后的新企业和小型企业对政府扶持性的认同度也整体处于低位（13.3%，15.6%）。

同时，民营企业对市场主体地位的平等性和准入门槛的平等性也强烈不认可。尤其是新企业和小企业认可市场主体地位平等性的比例分别仅为 19.4%和 20.3%；而不同年限、各类规模企业对准入门槛平等性的感知也差异明显（成立于 1992 年以前企业、1993—2002 年成立企业与 2003 年及以后成立企业比例分别为 75%、40.5%与 37.5%；大型企业、中型企业与小型企业比例分别为 46.1%、40.8%与 39.1%）。

民营企业对政府扶持力度与市场主体平等性的不认可态度存在紧密的相关性。尤其是，在重点开发项目和重点资源分配问题上，政府部门优先考虑国有企业或向国有企业倾斜，令民营企业感觉市场主体地位不平等，遑论民营企业对扶持政策的感知了。整体来看，破解国营企业与民营企业在市场竞争、融资、税收和人力资源政策等领域的不平等是帮助民营企业进一步释放活力和实现健康长远发展的关键所在。

盘点 2014 年新出台或正在积极筹备的改革措施可以发现，国务院及有关部委正尝试破解国营企业与民营企业主体地位不平等问题，正要降低准入门槛和营造宽松的创业环境。其中最可圈可点的当属注册资本登记制度改革和混合所有制改革实施细则（详见拓展阅读）。从长远看，注册资本登记制度改革指向“全民创业”，混合所有制改革指向“多元化投资”，这样的双轮驱动将为社会主义市场经济引入充分竞争机制，双向释放国有资本和民间资本的活力。

年度话题

注册资本登记制度改革

2014年3月1日，注册资本登记制度改革全面实施。这项改革取消了企业法人注册资金最低限额、经营场所限制和年检等规定，大幅降低了市场主体准入“门槛”，将为创业者营造更加宽松的环境。

根据此前国务院出台的改革方案，降“门槛”主要体现在以下四个方面：

☆ 理论上“1元钱也能办公司”。除特定行业外，取消有限责任公司最低注册资本3万元、一人有限责任公司最低注册资本10万元、股份有限公司最低注册资本500万元的限制；不再限制公司设立时全体股东(发起人)的首次出资比例，不再限制公司全体股东(发起人)的货币出资金额占注册资本的比例，不再规定公司股东(发起人)缴足出资的期限；公司登记时无需提交验资报告。

☆ 企业不再年检，个体不再验照。企业年度检验制度被改为企业年度报告公示制度；同时，改革个体工商户验照制度，建立符合个体工商户特点的年度报告制度；探索实施农民专业合作社年度报告制度。

☆ 企业经营场所登记条件全国不搞“一刀切”。申请人提交场所合法使用证明即可予以登记，对市场主体住所(经营场所)的条件，由各省、自治区、直辖市人民政府自行或授权下级人民政府作出具体规定。

☆ 网上登记为企业提供便利。将推行全国统一标准规范的电子营业执照，并以此为支撑推进网上申请、网上受理、网上审核、网上公示等全程电子化管理。

注册资本登记制度改革实施后，全国新登记注册市场主体数量显著提升，显示民间投资热情和市场主体活力进一步被激发。2014年1—10月，全国新登记注册企业292.08万户，增长52.58%。其中在刚刚进行改革后的3—10月，全国新登记企业数量月均超过30万户，同比增长14.4%，注册资本(金)12.59万亿元，增长76.39%。

年度话题

加快发展混合所有制经济

中共十八届三中全会提出“积极发展混合所有制经济”，2014年《政府工作报告》进一步提出“加快发展混合所有制经济”。国营企业与民营企业的融合成为新一轮改革的亮点。事实上，过去几年间有关“国进民退”的争论不休。混合所有制经济被作为改革重头戏推出，在一定意义上有助于国营企业与民营企业有关市场主体地位平等性的争论休兵止戈，通过“你中有我，我中有你”“利益共享、风险共担”的形式实现共同发展。混合所有制将成为国营企业与民营企业“搁置争议，共同开发”的一步战略好棋。

2013年12月19日，国资委副主任黄淑和在发布会上表示“发展混合所有制经济，推进国有股权多元化，将加快推进国有企业特别是母公司层面的公司制股份制改革，进一步优化国有企业的股权结构，有的国有企业将会采取国有参股或者国有股全部退出”。届时，央企股权结构将分成四类：

☆ 第一类，涉及国家安全的少数国有企业和国有资本投资公司、国有资本运营公司，可以采用国有独资的形式；

☆ 第二类，涉及国民经济命脉、重要行业和关键领域的国有企业，可以保持国有资本绝对控股；

☆ 第三类，涉及支柱产业、高新技术产业等重要国有企业，可以保持国有资本相对控股或者实施金股制；

☆ 第四类，国有资本不需要控制、可以由社会资本控股的国有企业，可以采取国有资本参股的形式，或者可以全部退出。

2014 年 2 月 20 日，中石化发布公告称，将引入社会和民营资本参股，实现混合所有制经营。由此石油化工乃至整个能源行业开启了国资改革的序幕。

2014 年 5 月 21 日，经国务院同意，国家发改委发出通知，决定在基础设施等领域首批推出 80 个鼓励社会资本参与建设营运的示范项目。“2015 中国民营企业发展指数”项目组针对国家发改委公布的项目名录进行分析发现，首批 80 个示范项目构成如下：

☆ 基础设施建设项目 26 个

→ 信息产业基础设施建设项目 2 个。

→ 交通基础设计建设项目 24 个。

铁路建设项目 2 个；

城市轨道交通建设项目 3 个；

港口码头建设项目 11 个；

高速公路与公路大桥建设项目 8 个。

☆ 能源项目 54 个

→ 光伏发电/水电/风电等电力工程项目 36 个。

→ 石油天然气工程项目 13 个。

→ 煤炭高效利用及煤制气开发项目 5 个。

由以上项目构成可见，允许社会资本进入的传统国资垄断性行业涵盖了铁路、石油化工、电力、电信等领域。

2014 年 9 月，中石化正式披露了子公司中国石化销售有限公司增资引进投资者的具体方案。25 家境内外投资者将以现金

1 070.94 亿元认购中石化销售公司 29.99%的股权。在 25 家入围机构中，民营资本 11 家，382.9 亿元，占 35.8%。这标志着，经过 7 个月的筹备，中石化混改方案终于落定，这也给正在筹备混合所有制改革的其他国有企业树了一个标杆。

变则通，不变则壅

我们认识到，为了从根本上解决经济的长远发展问题，必须坚定推动结构改革，宁可将增长速度降下来一些。任何一项事业，都需要远近兼顾、深谋远虑，杀鸡取卵、竭泽而渔式的发展是不会长久的。

——2013 年 9 月 5 日习近平在二十国集团领导人峰会第一阶段会议上的发言

中国经济呈现出新常态：从高速增长转为中高速增长，经济结构不断优化升级，从要素驱动、投资驱动转向创新驱动。

——2014 年 11 月 9 日习近平在亚太经济合作组织(APEC)工商领导人北京峰会上的发言

2014 年 5 月，习近平首次提出“中国经济新常态”论断：“我国发展仍处于重要战略机遇期。我们要增强信心，从当前中国经济发展的阶段性特征出发，适应新常态，保持战略上的平常心。”新常态下，中国经济的最大特点是速度“下台阶”和效益“上台阶”——增长动力实现转换，经济结构实现再平衡(图 19)。

伴随着新常态下中国经济结构的深刻调整，先进生产力将不断产生和扩张，落后生产力将不断萎缩和退出，既能涌现一系列新的增长点，形

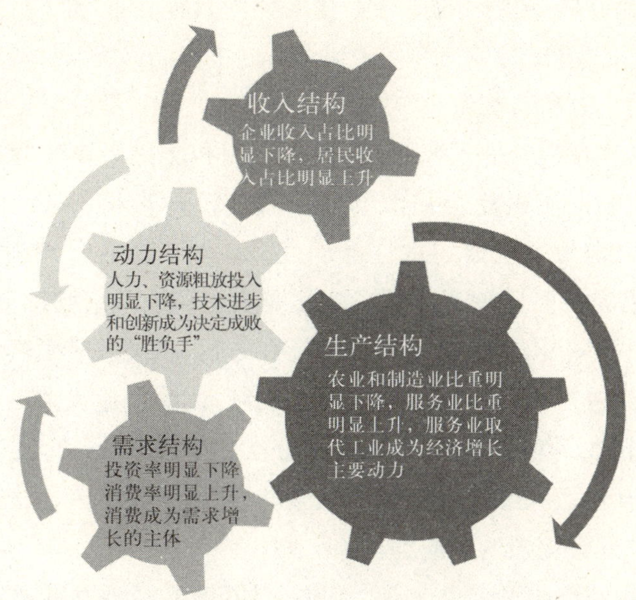

图 19 “中国经济新常态”下结构调整的主要方面

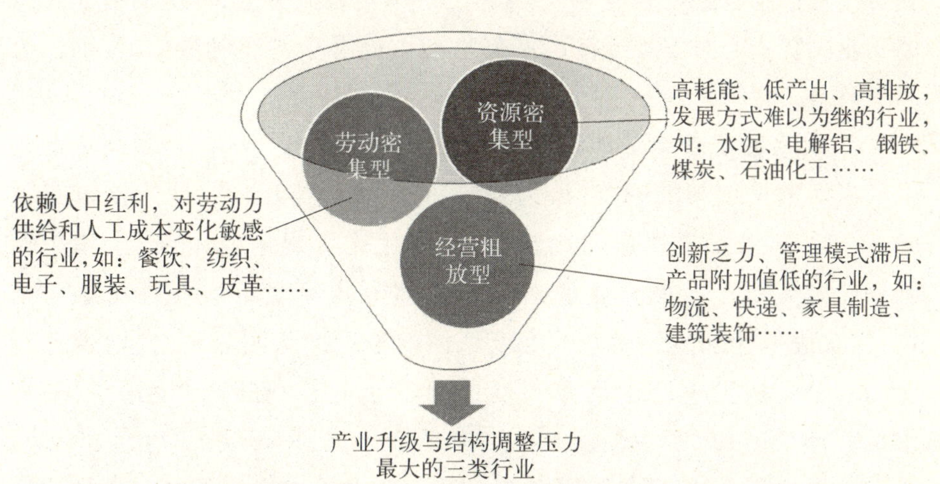

图 20 中国经济新常态下，产业升级与结构调整压力最大的三类行业

成新的增长动力，又会有一些行业付出代价，被迫转型（图 20）。

从“2015 中国民营企业发展指数”得分情况看，各行业对“中国经济新常态”的感知呈现明显差异。高端服务业、高端制造业在行业景气、行业管理、产业发展等指标的得分上全面领跑其他行业;金融、商贸等非实体经济在行业集群、行业协会等产业发展指标上相对较弱;传统制造业所面临的产业升级和结构调整压力最大;房地产业由于稳定房价和抑制行业投资过热等政策而进入寒冬期;教育产业和文化产业民营企业则整体面临着行政审批流程复杂和市场准入门槛较高的双重制约。在此背景下,政策层面与市场层面的良性互动尤显重要。企业管理者在未来5—10年所面临的首要政策环境是经济发展减速和经济结构调整,需要在战略层面为企业发展、转型制定具体目标和方案,积极适应生产和生活方式新变革,从改进产、学、研相结合的体制机制,改善企业人才培养与激励机制,改善创新成果转化机制等多角度夯实企业创新驱动力。“工欲善其事,必先利其器。”在经济结构深度调整的过程中,具备人才优势和创新优势的企业才具有更强的适应力。

(一) 部分行业民营企业受“新常态”形势下经济发展减速和结构调整的负面影响更为深刻。在本次调查中,认为宏观经济景气对本企业不利的民营企业占到近五成(46.7%)。其中,传统服务业、传统制造业和房地产业民营企业对宏观经济的利好性持正面看法的比例最低,分别仅为23.7%、12.9%和20%。

(二) 多数民营企业能够积极看待网络购物、自媒体、互联网金融等生产生活方式变革的影响(认为非常有利的,占39.1%;认为比较有利的,占37.4%)。尤其是高端制造业、文化体育娱乐业、金融业和高端服务业等高新产业民营企业对生产生活方式新变革适应性更强。不过,传统服务业和传统制造业在变革面前心理准备明显不足,而教育行业民营企业认为生产生活方式变革对本企业有利的比例也低于平均水平。

值得注意的是,企业规模与企业对生产生活方式变革的态度呈现明显关联性:大型企业认为居民生活方式变革利好的比例为56.4%,中等企业的这一比例为73.3%,而小型企业持积极态度的比例高达82.8%。这一数据结果显示小型企业应对变革时更具灵活性,而大型企业的转型道路相对艰难。

（三）各行业在活跃度、竞争度与开放度等行业景气指标上呈现差异。整体看，八成民营企业认同所在行业有活力，即“交易活跃，规模增长”。其中，高端服务业和商贸业是典型的高活力行业，传统制造业和房地产业是典型的低活力行业。约九成民营企业(89.4%)认为所处行业竞争激烈，其中认为“非常激烈”的占到53.1%。相对地，传统服务业(92.1%)、文化体育娱乐业(93.6%)行业竞争感强烈，房地产业民营企业认为本行业竞争激烈的比例更是达到100%。近八成(77.8%)民营企业对所处行业的开放性表示认同。首都周边民营企业的认同比例相对较低(64.5%)，而“珠三角”民营企业的这一比例达到88%。1992年前成立的民营企业认同行业开放性的比例高达93.8%，而2003年及以后成立的新企业仅为74.4%，说明新企业对行业开放性相对不认可。

（四）民营企业对行业政策的认可度(42.8%)未突破半数。商贸业、高端制造业和金融业民营企业对行业政策的认可度最高；而传统制造业(32.3%)、教育业(37.5%)和房地产业(28%)民营企业对行业政策的认可度较低(图21)。与此同时，教育与文化产业企业在对行业监管和行业

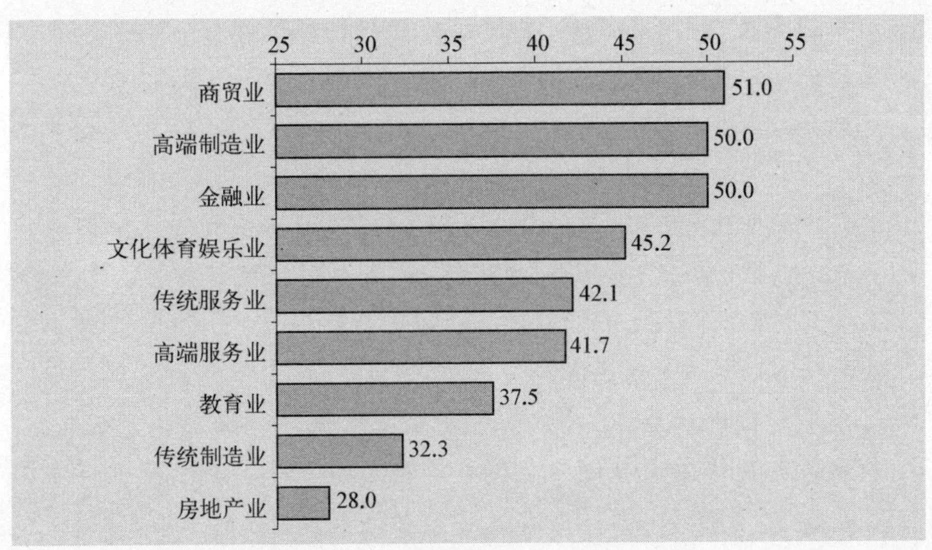

图21 各行业民营企业认同行业政策对本企业有利的比例(%)

数据来源：上海新沪商联合会、零点研究咨询集团，“2015中国民营企业发展指数”。

标准的认可度指标上垫底。

年度话题

行业协会、商会与行政机关"脱钩改革"

行业协会、商会是行业自治性民间团体。由于历史原因，行业协会、商会大多挂靠在不同的政府部门，长期承担部分行政管理职能，机构设置和人员组成与主管部门界限不清晰。许多行业协会或商会领导由相关主管机关现职官员或退休官员担任，在资源分配、资质认定和考核评估等领域有独特作用，官办色彩浓厚。同时，部分行业协会或商会接纳政府冗员，巧立名目增加收费项目或审批环节，增加企业负担，被讽刺为政会不分的"二政府"。

本次调查显示，民营企业整体不认可行业协会对本企业的积极作用，持正面态度的比例仅为 38.5%。制造业行业协会的历史最悠久、组织最健全，受到本行业企业积极认可的比例也最高(传统制造业，48.4%；高端制造业，42.3%)，但认可率仍未达到半数。

需要引起关注的是，小型企业和新企业对行业协会、商会作用的认可程度相对更低。以 1992 年和 2003 年作为企业成立时间分界点，老、中、新三代企业对行业协会、商会作用的认可度分别为 56.3%、47.3%和 34.1%；从企业规模背景看，大、中、小三类民营企业对行业协会作用的认可度分别为 56.4%、40.9%和 33.9%。从这个意义上说，大企业、老企业与行业协会、商会间的配合更默契，而最需要扶持、指导和借助于行业集群优势发展的小企业、新企业获益较小。由此可见，行业协会、商会的主要作用是锦上添花，而不是雪中送炭。

同时，由于行业协会、商会的行政管理职能相对较强，民营企业与行业协会、商会之间多了一层利益黏结关系。企业家参与行业协会、商会活动旨在优先获取资源和信息，这种关系与政企关系无出其外。

相比获取政治职务，企业家在行业协会、商会中扮演领导角色更为容易。因此，行业协会和商会也成为企业家走上层路线的主要平台。本次调查数据显示，在各类社会职务中，民营企业家兼任行业协会领导的比例最高，占到 28.8%；兼任商会领导职务的比例则排在第二位(13%)(图 22)。

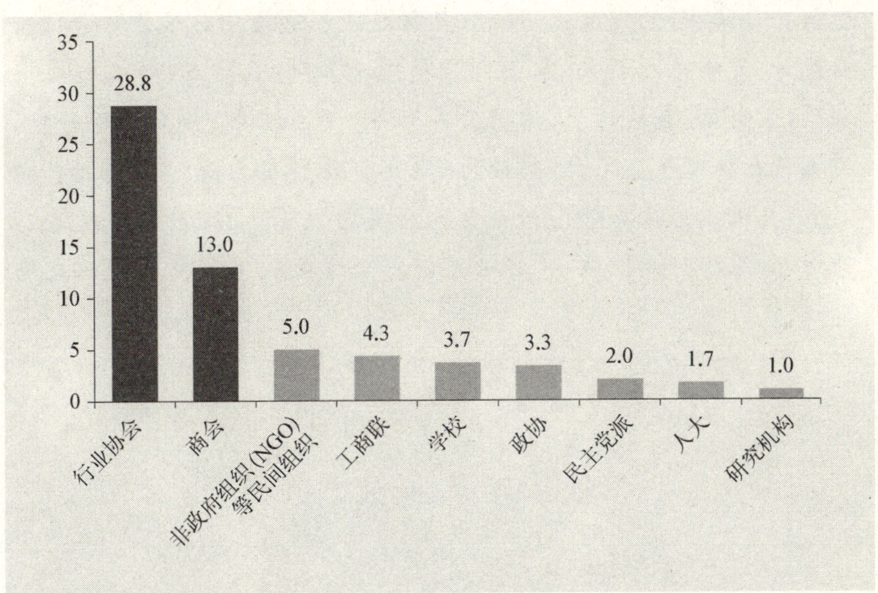

图 22　民营企业家在不同组织担任社会职务的比例(%)

数据来源：上海新沪商联合会、零点研究咨询集团，“2015 中国民营企业发展指数”。

伴随着政府职能转变，尤其是行政审批制度改革的不断深入，行业协会、商会担负行政管理职能与改革方向越发不相符合。行业协会和商会的“去行政化改革”在中共十八届三中全会上正式被提上议事日程。按照三中全会关于“限期实现行业协会商会与行政机关真正脱钩”的要求，民政部会同国家发展改革委员会等部门研究起草了《行业协会商会与行政机关脱钩总体方案》。

2014 年 9 月，相关方案正式出台。根据此方案，行业协会商会类、科技类、公益慈善类和城乡社区服务类社会组织可以直接向民政部门申请登记，不再经由业务主管单位审查和管理。同时，官方将争取到 2015 年年底前实现行业协会、商会类社会组织与行政机关真正脱钩。

转型后的行业协会与商会组织，将主要承担服务职能，从而实现行业自治、行业规范化与行业集群效应。这集中体现在：进行行业统计，开展行业调查，掌握行业动态，发布行业信息；组织行业培训、行业交流、会展活动、招商引资与海外市场开拓；制定行规行约，完善行业标准等。同时，行业协会、商会将转变政府“二级机构”的定位，真正成为政府部门与企业间的桥梁机构，向政府部门反映行业诉求，维护行业权益，并针对经济社会发展政策与立法提供政策建议。

工欲善其事，必先利其器

实施创新驱动发展战略，要完成 5 个方面的任务。一是着力推动科技创新与经济社会发展紧密结合。二是着力增强自主创新能力。三是着力完善人才发展机制。四是着力营造良好政策环境。五是着力扩大科技开放合作。

——2013 年 9 月，中央政治局以“实施创新驱动发展战略”为题进行第九次集体学习要着力增强创新驱动发展新动力，注重发挥企业家才能，加快科技创新，加强产品创新、品牌创新、产业组织创新、商业模式创新。

——2013年12月，中央经济工作会议上讨论了企业创新问题

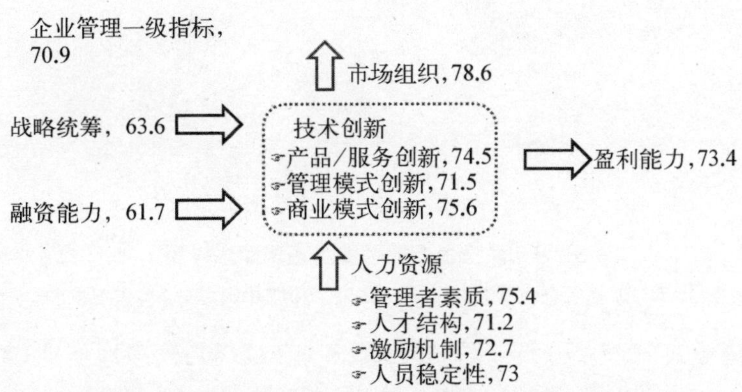

图23 百分制下，民营企业各经营环节指数得分情况

数据来源：上海新沪商联合会、零点研究咨询集团，“2015中国民营企业发展指数”。

概观“2015中国民营企业发展指数”企业管理下设指标得分后发现，企业经营各环节中的“输入”环节是企业发展的主要短板（图23）。这主要体现在如下：

（一）民营企业获取战略统筹配套资源的能力整体较弱。平均仅45.1%的民营企业认可本企业的资源获取能力：中西部地区民营企业的这一比例更低，仅为35.6%；小企业与新企业的资源获取能力也相对较弱。分行业看，高端制造业（80.7%）、商贸业（54.9%）和金融业（54.2%）在资源获取能力上排前三位；而服务业民营企业的资源获取能力垫底，传统服务业（23.7%）和高端服务业（36.7%）列在所有行业的后两位。

（二）融资能力仍是民营企业发展的主要短板（图24）。调查发现，43.1%民营企业管理者表示企业的融资需求没有得到满足；55.7%获得银行贷款比较困难；更有61.9%表示民营企业与国有企业在融资问题上受到了不平等对待；未来1～2年，约四成（40.7%）民营企业有可能选择

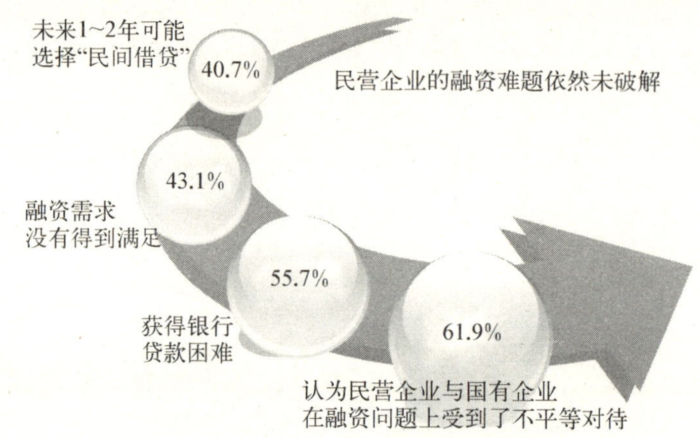

图 24　民营企业的融资难题依然未破解

数据来源：上海新沪商联合会、零点研究咨询集团，"2015 中国民营企业发展指数"。

民间借贷形式融资。分行业看，传统服务业(31.6%)、房地产业(28%)和文化体育娱乐业(25.8%)等行业民营企业认为融资需求得到满足的比例最低。

不过，民营企业在产出环节和盈利能力上的指标得分相对较好。从市场组织的客户渠道的开拓和稳定性来看，83.1%受访企业认可自身的渠道维护能力。尤其是，新企业和小企业对本企业的客户开拓表示满意的比例分别达到 84.8%和 84.4%，是这两类企业指数得分高于平均值的为数不多的几个指标之一。高端制造业和教育业民营企业认同本企业客户渠道稳定并稳定增加的比例均达到 100%，高端服务业和商贸业的这一比例也分别达到 90%和 88.2%；传统制造业(67.7%)、文化体育娱乐业(71%)和传统服务业(71.1%)在这一指标上再次垫底。

在盈利能力上，70.8%的民营企业对本企业表示认可。其中，金融业(87.5%)、教育业(81.3%)、高端制造业(80.8%)和高端服务业(80%)盈利能力相对高于其他行业；传统服务业(57.9%)和房地产业(56%)居于末位。

整体来看，高端制造业和高端服务业等创新驱动型企业在各项管理指标得分上均位居前列。这两个行业都属于资金密集型行业与知识密集型行业，对资金与高端人才的需求比其他各行业都要强烈。从指数得分看，融资和人力资源两项关键指标对两个行业不仅不是短板，而且优势尽显。相比之下，传统制造业、传统服务业、房地产业和文化体育娱乐业民营企业在各项管理指标得分上均居于下游。

高端制造业和高端服务业对资金和人才的吸引力源自什么呢——

代表先进技术或先进文化的发展方向，行业前景好，能吸引创业者；

属于高附加值产业，低消耗、高产出，能吸引投资者；

企业与员工良性互动发展，薪酬待遇和工作环境优越，能吸引优秀人才。

高端服务业与高端制造业的良性发展态势再次证明这样一个法则：企业要发展，必须依靠创新驱动，依靠新技术、新工艺；融入新文化、新创意；提供新产品、新服务；在核心创新，即产品与服务创新基础上，积极推进管理模式创新和商业模式创新。

反观企业管理各项指标得分普遍偏低的行业，即传统制造业、传统服务业和房地产业等行业，均是在产业升级与经济结构调整压力和生产生活方式新变革冲击下创新乏力的落后产业。这种产业的资金吸引力和人才吸引力通常较低，而资金缺乏与人才结构滞后的瓶颈又会加剧行业环境恶化，形成恶性循环。

在产品/服务创新、管理模式创新和商业模式创新三项创新能力中，高端制造业和高端服务业民营企业的自评满意度均高于其他行业；而传统服务业、房地产业、文化体育娱乐业等行业民营企业对各项创新能力满意度均相对较低（表 2）。

表 2　各行业创新能力自评分数（10 分制）

产品/服务创新		管理模式创新		商业模式创新	
高端制造业	8.2	高端制造业	8.0	高端服务业	8.0
高端服务业	7.8	教育业	7.4	金融业	8.0
房地产业	7.6	高端服务业	7.3	教育业	7.9

（续表）

产品/服务创新		管理模式创新		商业模式创新	
传统制造业	7.6	传统制造业	7.2	高端制造业	7.9
金融业	7.4	金融业	7.1	商贸业	7.5
教育业	7.4	商贸业	7.0	文化体育娱乐	7.3
商贸业	7.3	文化体育娱乐业	6.9	传统制造业	7.3
文化体育娱乐业	7.3	房地产业	6.9	房地产业	7.1
传统服务业	6.7	传统服务业	6.8	传统服务业	7.1
均　值	7.5	均　值	7.2	均　值	7.6

数据来源：上海新沪商联合会、零点研究咨询集团，"2015 中国民营企业发展指数"。

创新的关键在于人才。处在知识密集型产业的高端制造业、高端服务业和金融业企业对核心管理者素质和员工素质的满意度均较高，表明这些行业人才结构整体符合行业需求。而同处知识密集型产业的教育

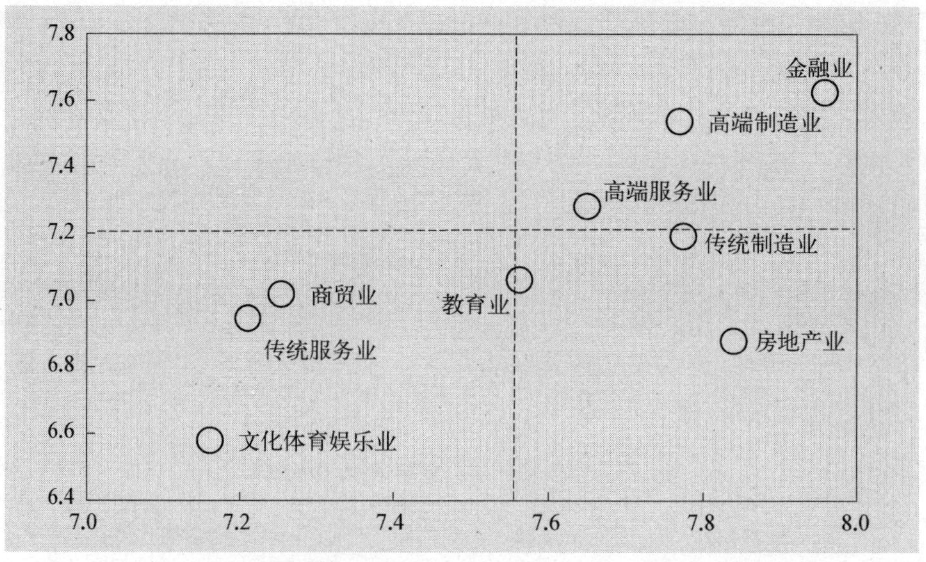

图 25　各行业民营企业对核心管理者素质与员工素质评分结果（10 分制）

注：横坐标为受访企业家对本企业管理者素质的打分结果；纵坐标为受访企业家对本企业员工素质的打分结果。评价分数均采用十分制。

数据来源：上海新沪商联合会、零点研究咨询集团，"2015 中国民营企业发展指数"。

业、文化体育娱乐业企业对核心管理者素质和员工素质满意度普遍偏低，这也从一个侧面说明了为什么这两类行业创新能力较弱(图 25)。

对比分析企业薪酬福利激励机制与人员稳定性的关系后发现：传统服务业民营企业在两项指标的满意度上均较低。这凸显出传统服务业在人才结构上的尴尬局面：人口红利消退，传统服务业面临着劳动力供给不足和用工成本上升的双重压力(图 26)。企业不提升员工薪酬待遇就不能吸引人才，而提升了薪酬待遇也未必能留住人才。

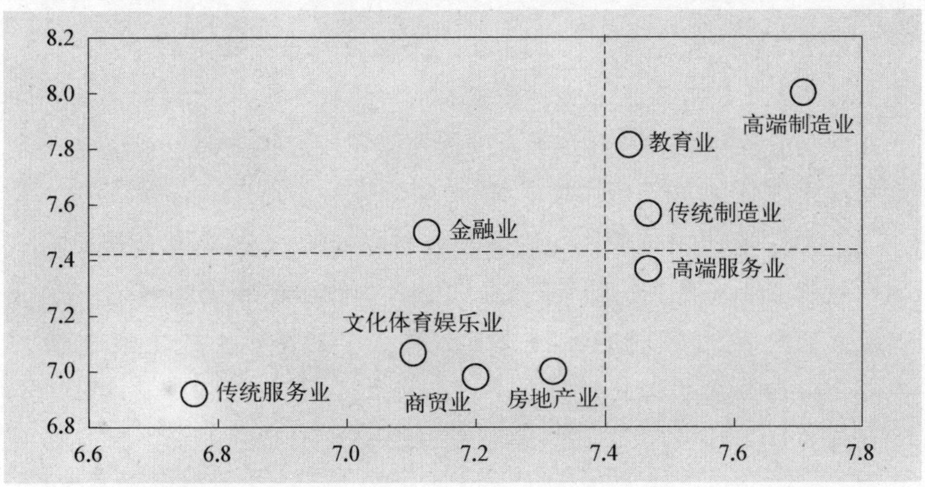

图 26　各行业民营企业对薪酬福利激励机制与人员稳定性评分结果(10 分制)

注：横坐标为受访企业家对本企业薪酬福利与激励机制的打分结果；纵坐标为受访企业家对本企业人员稳定性的打分结果。评价分数均采用十分制。

数据来源：上海新沪商联合会、零点研究咨询集团，“2015 中国民营企业发展指数”。

见贤思齐

中国的经济发展跌宕起伏，伴随着一次次的改革阵痛，产业结构经历了4次大的历史性变革，从工业经济社会一路走到今天的工业与服务业经济共生共存。截至2014年第三季度，中国的第三产业增加值占国内生产总值的比重为46.1%，且比重增加的趋势仍在继续，现代服务业迎来了春天。

2015年中国民营企业发展指数研究结果显示，高端制造业和高端服务业凭借其“创新能力”，以及“人才优势”成为当下行业发展的领跑者，传统制造业、商贸业以守成者的姿态紧随其后，教育与金融行业在追赶中艰难前行，文化、体育和娱乐业，以及以传统住宿餐饮业、旅游业、交通运输、仓储及邮政业为代表的传统生活服务业和房地产业成为落后者与危机者。子曰：“见贤思齐焉，见不贤而内自省也。”行业的发展速度以及发展水平，既取决于外部环境的舒适度，更取决于行业以及企业自身的改革、创新程度与步伐。

传奇：中国产业格局变迁

历史上的产业结构调整

国家统计局发布的国内生产总值初步核算结果显示，2014年前3季度中国第一、第二、第三产业[1]增加值占国内生产总值的比重分别为9%、44.2%和46.7%。总体来看，在过去截至2012年的20多年里，中国产业结构变化延续了20世纪70年代以来的主要特征，即第一产业比重持续下降，第二产业的第一大产业地位得到巩固和第三产业份额明显提高。

2013年我国的产业结构发生了一次阶段性的变化，第一产业增加值占国内生产总值的比重为10%，第二产业增加值比重为43.9%，第三产业增加值比重为46.1%，第三产业增加值占比首次超过第二产业。而2014年前三个季度的统计结果也表明，该趋势仍在延续(图27)。

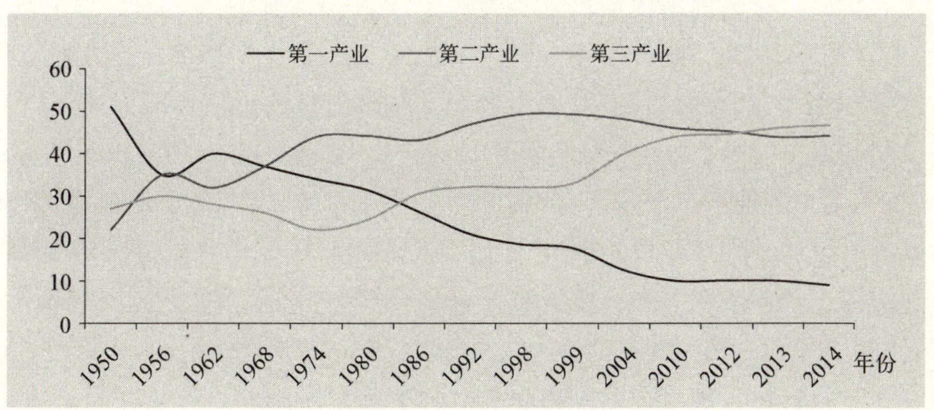

图27　近年中国产业结构变化情况(%)

数据来源：国家统计局历年《国民经济和社会发展统计公报》。

回顾新中国成立以来的演进过程，中国产业结构变化大致可以分为四个阶段。第一个阶段是20世纪50年代初期到70年代初，在20多年中，第一产业基本占有第一大产业的重要地位，中国明显处于农业经济阶段，工业和服务业尚停留在初级发展水平上。第二阶段是1970年代初到1980年代中期；随着第二产业比重超过第一产业，中国进入了工业化初期阶段，但第一产业比重仍然超过第三产业，在国民经济中的地位相对稳定。第三阶段是1980年代中期到2012年，第二产业的地位持续得到巩

① 三次产业的划分是世界上较为常用的产业结构分类，但各国的划分不尽一致。我国的三次产业划分是：第一产业是指农、林、牧、渔业。第二产业是指采矿业，制造业，电力、煤气及水的生产和供应业，建筑业。第三产业是指除第一、第二产业以外的其他行业。

固和加强;第三产业比重超过第一产业,并迅速上升;第一产业增加值在国内生产总值中的份额出现直线下降,与第二产业和第三产业的差距持续扩大。这一阶段,虽然并没有改变第二产业为主的产业结构特征,但第三产业增长对经济增长的贡献率明显上升,接近甚至超过第二产业成为经济增长的主要拉动因素之一。第四阶段即上文中所提到的 2013 年至今,第三产业增加值占比超过第二产业成为第一大支柱产业,第三产业的壮大发展,是改革开放 30 多年来中国产业结构不断优化最显明的特征。

长期以来,第二产业一直是我国国内生产总值构成的"主力军",无论是在国内生产总值占比还是增长速度上,都处于绝对领先地位。就最近 10 年来看,第三产业除 2008 年增速高出第二产业 0.2 个百分点之外,其余年份在增速方面均"跑输"第二产业。在国内生产总值构成方面,第二产业更是"一枝独秀",地位不可撼动,近 10 年间最高占比为 2004 年的 53%,高出同期第三产业 22 个百分点。十几年来,第二产业增速多保持在 10%左右,2007 年更是达到了 13.4%。第三产业鲜有超过 10%的高速增长(只有 2006 年和 2007 年"破 10"),但两者之间增速之差在逐渐缩小,第三产业在国内生产总值所占比重处于"稳步增长"状态,10 年上升近 11 个百分点,而如今第二产业占比相较于最高值的 2007 年下降了约 6 个百分点。2012 年,第二产业增加值 235 319 亿元,增长 8.1%;第三产业增加值 231 626 亿元,增长 8.1%。第三产业增速"追平"了第二产业。在国内生产总值中的占比来看,2012 年第二产业占 45.3%,第三产业占 44.6%,两者之间差距历史上首次缩小到 1 个百分点之内。直到 2013 年,第三产业的增速(8.3%)和增加值占比(46.1%)首次超越第二产业,由此,中国的"工业型经济"向"服务型经济"转型取得了阶段性的跨越(表 3)。

第三产业占比的持续上升表明我国的经济结构正在发生重大变化,转型升级已到了关键阶段,同时也意味着中国经济正在由原来的工业主导型经济向服务主导型经济转变,这种趋势将对中国经济增长、就业以及各个方面带来了深远而持久的影响。大力发展第三产业,特别是养老、健康服务业、信息消费、文化创意和设计服务等现代服务业,将是我国当前及下阶段经济增长的新潜力、新空间。

表3　第二产业和第三产业增速及占国内生产总值比重比较

年　份	增速(%)		占国内生产总值比重(%)	
	第二产业	第三产业	第二产业	第三产业
2002	9.9	7.3	51.7	33.7
2003	12.5	6.7	52.9	32.3
2004	11.1	8.3	53	31.8
2005	11.4	9.6	47.3	40.3
2006	12.5	10.3	48.7	39.5
2007	13.4	11.4	49.2	39.1
2008	9.3	9.5	48.6	42.6
2009	9.5	8.9	46.8	42.6
2010	12.2	9.5	46.8	43
2011	10.6	8.9	46.8	43.1
2012	8.1	8.1	45.3	44.6
2013	7.8	8.3	43.9	46.1
2014前三季度	7.4	7.9	44.2	46.7

数据来源：国家统计局历年《国民经济和社会发展统计公报》。

从就业结构来看，第三产业吸纳就业能力强，单位国内生产总值就业更多、更稳定，消耗能源资源更少，同时也有利于国内消费的扩大与升级。近30年来，由于第二产业和第三产业劳动生产率明显高于第一产业，导致劳动力从第一产业向第二产业和第三产业的转移持续加快。第一产业的就业比重从1990年的60.1%，降低到2012年33.6%的水平，第一产业实际就业人数也从3.9亿人下降到2.6亿人，减少了33.3%。与此同时，非农业部门吸纳的就业人员快速增长。第二产业就业人数比重从1990年的21.4%上升到30.3%；实际就业人数从不到1.4亿人增加到2.3亿人。同期第三产业从业人员比重由18.5%提高到36.1%，实际就业人数增加近2倍(图28)。

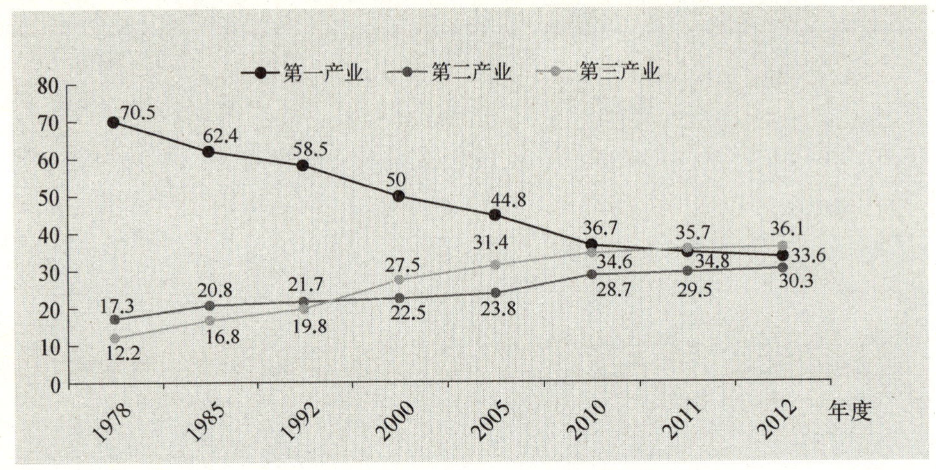

图 28　近年中国三次产业就业人员结构变化情况(%)

数据来源:《中国统计年鉴》。

近年现代服务业的崛起

现代服务业大体相当于现代的第三产业,但又有别于传统的服务业。现代服务业是相对于传统服务业而言,是为适应现代人和现代城市发展的需求,而产生和发展起来的具有高技术含量和高文化含量的服务业。

与传统服务业相比,现代服务业具备 3 个基本特征:第一,产生于工业化比较发达的阶段。根据 S. 库兹涅茨、H. 钱纳里等经济学家的研究,产业结构的演变有随着人均国民生产总值的提高,从农业转向制造业,再从制造业转向服务业的规律。服务业发展到了高级阶段就产生了现代服务业。第二,必须基于信息化和现代的经营理念才能发展起来或经过信息化和现代的经营理念改造提升而来。传统服务业经过改造提升也可发展成为现代服务业。第三,具有知识性和技术密集性,即现代服务业科技含量高且能为消费者提供知识的生产、传播和使用服务,使知识在服务过程中实现增值。

依据以上三个基本特征,参照国际和国内的产业部门分类标准,结合我国经济发展的实际,我们把当前国内的现代服务业主要分为以下几类:

(1) 生产和服务类行业：包括银行、证券、保险、信托、风险投资等金融保险业，集中配送，第三方供给和商业经济服务为代表的现代流通服务等现代物流业；(2) 生活消费类服务业：包括文化娱乐、教育培训、体育健身、医疗保健等文化产业，房地产的投资与开发、物业管理和房地产的经纪服务等，以及零售业、会展旅游业等；(3) 基础类服务：包括传统电信服务、互联网业务和软件服务等信息服务业；(4) 公共服务业：包括自然科学和社会科学研究、技术监督、技术交流与推广等科学研究和技术服务业，以及法律服务、会计、审计和簿记服务，咨询服务，市场调查服务，公共关系服务，生产技术服务等专业服务业。现代服务业与第三产业的差异详见表 4。

表 4　现代服务业和第三产业的差异对比

<table>
<tr><th></th><th>第三产业</th><th colspan="2">现代服务业</th></tr>
<tr><td>概念</td><td>第三产业是指除第一、二产业以外的其他行业，主要包括传统服务行业</td><td colspan="2">是相对于传统服务业而言，是为适应现代人和现代城市发展的需求，而产生和发展起来的具有高技术含量和高文化含量的服务业</td></tr>
<tr><td rowspan="4">具体分类</td><td rowspan="4">交通运输、仓储和邮政业，信息传输、计算机服务和软件业，批发和零售业，住宿和餐饮业，金融业，房地产业，租赁和商务服务业，科学研究、技术服务和地质勘查业，水利、环境和公共设施管理业，居民服务和其他服务业，教育，卫生、社会保障和社会福利业，文化、体育和娱乐业，公共管理和社会组织，国际组织</td><td rowspan="4">按服务对象分类</td><td>生产和市场类服务业：金融保险业、现代物流业、批发、电子商务、农业支撑服务、中介服务、咨询服务等</td></tr>
<tr><td>生活消费类服务业：教育、医疗保健、住宿、餐饮、文化娱乐、旅游、房地产、商品零售等</td></tr>
<tr><td>基础类服务业：电信服务、互联网业务和软件服务、信息服务等</td></tr>
<tr><td>公共服务业：公共管理服务、基础教育、公共卫生、医疗以及公益性信息服务等</td></tr>
</table>

国家统计局早在 1985 年的《关于建立第三产业统计的报告》中，就将第三产业分为四个层次：第一层次是流通部门，包括交通运输业、邮电通讯业、商业饮食业、物资供销和仓储业；第二个层次是为生产和生活服务的部门，包括金融业、保险业、公用事业、居民服务业、旅游业、咨询信息服

务业和各类技术服务业等;第三个层次是为提高居民科学文化水平和居民素质服务的部门,包括教育、文化、广播电视事业,科研事业,生活福利事业等;第四个层次是为社会公共需要服务的部门,包括国家机关、社会团体以及军队和警察等。

事实上,近些年来,我国传统制造业价值链不断扩展和延长,其覆盖范围逐渐从加工制造领域延伸到了服务领域,制造和服务之间的界限越来越模糊,制造和服务逐渐相互融合,全球生产经营活动日益被纳入基于全球价值链的全球生产服务体系。服务在企业产值和利润中的比重越来越高,全球产业结构呈现出“工业型经济”向“服务型经济”转型的新趋势。

按照第三产业的大分类来看,1978—2013 年,交通运输、仓储和邮政业,批发和零售业以及住宿餐饮业的比重出现了不同程度的下滑,特别是交通运输、仓储和邮政业,占比从 20.9%下滑到了 10.4%;另一方面,金融业和房地产业在产业内的占比均有一定程度的提升,但幅度都在 5 个百分点以内;唯有其他服务业的比重出现较大幅度的上升,特别是 1995 年之后,从 28%上升到了 38.5%。从细分服务行业来看,交通运输、仓储和邮政业,批发和零售业等传统服务行业的主导地位正在受到冲击,现代物流、信息、金融、商务服务等生产性服务业发展总体水平开始提高。2013 年,金融业和房地产业增加值占服务业增加值比重分别为 12.8%和 12.7%,而其他信息传输、计算机服务和软件业、租赁和商务等服务业的总体占比更高达 38.5%(表 5)。

表 5 第三产业内部结构的变化

年 份	交通运输、仓储和邮政业	批发和零售业	住宿和餐饮业	金融业	房地产业	其 他
1978	20.9%	27.8%	5.1%	7.8%	9.2%	29.3%
1985	16.3%	31.0%	5.3%	10.1%	8.3%	28.9%
1992	18.0%	25.7%	6.2%	14.0%	11.8%	24.3%
1995	16.2%	23.9%	6.0%	14.0%	11.8%	28.0%

（续表）

年　份	交通运输、仓储和邮政业	批发和零售业	住宿和餐饮业	金融业	房地产业	其　他
2000	15.9%	21.1%	5.5%	10.6%	10.7%	36.2%
2005	14.2%	18.6%	5.6%	8.1%	11.4%	42.0%
2010	11.0%	20.6%	4.6%	12.1%	13.1%	38.5%
2011	10.9%	21.2%	4.5%	12.2%	13.1%	38.2%
2012	10.8%	21.3%	4.5%	12.4%	12.5%	38.4%
2013	10.4%	21.2%	4.4%	12.8%	12.7%	38.5%

数据来源：国家统计局网站。

注：根据当年价格的第三产业增加值计算而得。

江湖：中国民营企业行业生存现状

领跑者

高端制造业与高端服务业同为社会实践先于理论研究的行业，目前在学术上还缺乏统一的界定，按照行业习惯，所谓高端制造业是指具有高技术含量、高附加值、强竞争力、处于产业链高端的制造行业，典型行业包括大型高端装备制造业、精密仪器制造业、新材料制造业、航天制造业等。高端服务业则是指具有高科技含量、高人力资本投入、高附加值的现代服务行业，既包括消费类服务性行业，也包括生产性服务行业，典型行业包括管理咨询、法律、科技服务等。

中国的市场化进程不过短短几十年，远不及西方国家几百年的积累。过去30余年，中国多依赖“进口加工”的发展模式，缺乏核心技术，无论是在产品技术还是服务上，或管理、商业模式上，多以模仿和学习国外经验为主。市场化初期，中国的高端制造业与高端服务业可谓空白。然而历经 30 余年发展，通过对国外新技术的不断学习以及自主研发，一些国内传统制造业已发展成掌握核心技术的高端制造业，并不断参与国际市场，所生产的产品完全能与大型跨国公司的产品媲美。例如，华为、中兴已经发展成大型信息设备生产商，并不断在海外上市，三一重工等大型机械设备生产商同样在海外市场大放异彩。与此同时，高端服务业开始不断涌现并获高速发展。时至今日，高端制造业与高端服务业以其高回报率、高辐射性等特点已发展成领跑其他行业的“领头羊”，在创新、盈利能力、社会贡献等各个方面领跑其他行业。

本次研究中，高端制造业与高端服务业领跑其他各行业，总体指数得分分别为 73.04 分与 70.25 分，分居第一位和第二位。具体而言，高端制造业在多个指标上得分相对较高。而高端服务业则在较少项目指标上有较好的表现（表 6、表 7）。

表 6　高端制造业的一、二级指标得分及排名一览表（百分制）

	一级指标			二级指标		
	指标名称	得分	排名	指标名称	得分	排名
总分（73.04，排名第一）	宏观环境	60.77	1	政策环境	54.97	6
				经济环境	59.76	1
				社会环境	72.28	2
	行业环境	75.35	1	行业景气	85.81	1
				行业管理	67.97	1
				产业发展	70.09	3
	企业管理	77.96	1	战略统筹	75.52	1
				市场组织	89.42	2
				资金使用	73.29	2
				技术创新	80.12	1
				人力资源	77.26	1
				企业责任	77.33	1

数据来源：上海新沪商联合会、零点研究咨询集团，“2015 中国民营企业发展指数”。

表 7　高端服务业的一、二级指标得分及排名一览表(百分制)

	一级指标			二级指标		
	指标名称	得分	排名	指标名称	得分	排名
总分(70.25,排名第二)	宏观环境	59.90	3	政策环境	58.16	2
				经济环境	56.12	4
				社会环境	71.03	4
	行业环境	74.40	3	行业景气	85.81	1
				行业管理	66.82	2
				产业发展	66.50	4
	企业管理	72.93	4	战略统筹	61.69	6
				市场组织	83.93	3
				资金使用	72.60	4
				技术创新	77.00	2
				人力资源	74.32	5
				企业责任	66.48	7

数据来源：上海新沪商联合会、零点研究咨询集团,“2015 中国民营企业发展指数”。

“高端”两字意味高端制造业与高端服务业同时具有知识密集型、技术密集性等特点,推动行业发展的是围绕“知识”、“技术”、“创新”等为核心要素的良性竞争,而非一味低价或其他形式的恶性循环。因此,人才与创新本应是所有高端制造业与高端服务业的核心竞争力之一。本研究中的创新指标既包括产品/技术等硬件上的创新,也包括服务、管理模式、商业模式上的创新。而人力资源指标,包括“管理者素质”“人才结构”“激励机制”“人员稳定性”等四方面因素。数据显示,领跑各行业的高端制造业与高端服务业确在“创新”与“人才”这两项指标上表现突出。

创新经济新引擎

从指标得分来看,无论是高端制造业还是高端服务业,在“创新”这一指标上均有突出表现。由此也显示出这两个行业作为具有高科技含量、高附加值行业,在经济创新中具备的强大引擎作用。

此外，高端制造业与高端服务业在“创新”的具体指标得分上又各有不同，说明了不同行业特点下的创新又各有侧重。高端制造业的创新重在产品以及服务创新，而高端服务业可能多以商业模式取胜。当要求受访企业家分别用 1～10 分为其企业的产品/服务创新能力、管理模式创新能力、商业模式创新能力打分时，高端制造业在“产品/服务创新”以及“管理模式创新”两项上得分更高，分别为 8.23 分与 7.96 分，比高端服务业分别高 0.48 分与 0.63 分，而高端服务业在“商业模式创新”上得分更高，为 8.02 分，高于高端制造业 0.17 分(图 29)。

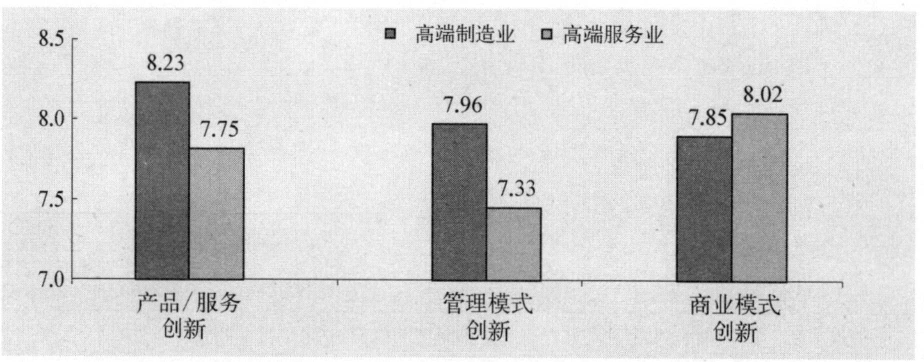

图 29　高端服务业与高端制造业在创新各子指标的平均分(10 分制)

数据来源：上海新沪商联合会、零点研究咨询集团，“2015 中国民营企业发展指数”。

案例

以小小机芯撬动高端制造业

国内高精密自动化控制仪表零件市场以前一直被美国的艾默生、通用电气，德国的西门子等西方公司所垄断，国内本土生产制造的产品在价格与品质上都与国外产品有很大差异。一个国产阀门只卖 2 000 元，而同型号的德国高精密阀门却可以卖到 20 万元。而来自福建某精密仪器企业却逐渐打入这一市场，做出了与国外技术水准相当的石油管道阀门，在精密仪器市场国际市场分了一杯羹。

这家如今走向全球的精密仪器企业，起家时，仅仅是一家涉及石英表芯加工的小微企业。该企业的最初业务仅仅涉及石英表机芯加工，然而小小石英表芯体积虽小，却是最难加工的钟表零件之一，石英表芯齿轮极小，一个手掌心里便可以放下几十个，放在眼前仔细一看却极其精致，齿轮轴只相当一根头发丝粗细，且对硬度和强度都要求极高，售价往往高达几百元，该市场在之前基本被日本制造商独占。该加工厂经过12年的技术钻研，不仅做出了在质量和强度上与日本制造商同样优质的石英表芯，更成功开发出了全塑石英表机芯，将石英表机芯的成本降到了1.5元，从而结束了国内及全球石英表机芯市场都被日本制造商独占的局面。发展至今，这家石英表机芯加工厂已经不仅是全球最大的石英表机芯生产厂商，而且可以掌控、决定世界石英表机芯的价格走势。

时至今日，这家把钟表的精密制造技术不断延伸，将精密仪器的制造技术引入高端技术装备、过程自动化领域、工厂自动化领域、压力/差压传感器等，以此实现了中国高端制造业精密仪器方面瓶颈的突破，典型产品就包括前文所述的石油阀门，在被西门子、通用电气等大型西方公司所垄断的高端制造业中的精密仪器市场打入中国产品。目前，该企业生产的WP系列工业自动化仪表被广泛使用在航天、军工、石油石化、制药及电力等各个行业，且正在关注物联网的发展。

人才优势明显

大力发展知识密集型行业是经济结构调整的题中之义，高端制造业与高端服务业属于典型的知识密集型行业。数据显示，高端服务业与高端制造业在人才相关指标上均得分较高，高端制造业在人力资源这一指标上排名第一。当要求受访企业家分别用1～10分为其企业的“管理者素质”“人才结构”“激励机制”“人员稳定性”打分时。高端制造业与高端服务业在“人才结构”“激励机制”上得分均较高。其中,高端制造业在“人才结构”“激励机制”上分别排名第二、第一,而高端服务业在“人才结构”“激励机制”上分别排名第三、第二。由此显示,高端制造业与高端服务业在人力资源上均具备较大优势。而所谓的制造业的“用工荒”仅多发生在低端制造业,并不完全适用高端制造业。同时,值得注意的是,在“管理者素质”这一具体指标上,高端制造业与高端服务业普遍得分较低,分别得分 7.77 分与 7.65 分,分别排名第四、第五。可见,即便是生存与发展环境相对较好的高端制造业与高端服务业也普遍存在管理人才相对匮乏的现实情况。

此外,高端服务业在“人员稳定性”上得分也相对较差,仅排名第五(7.37 分),说明高端服务业存在人员流动性大等问题(图 30)。

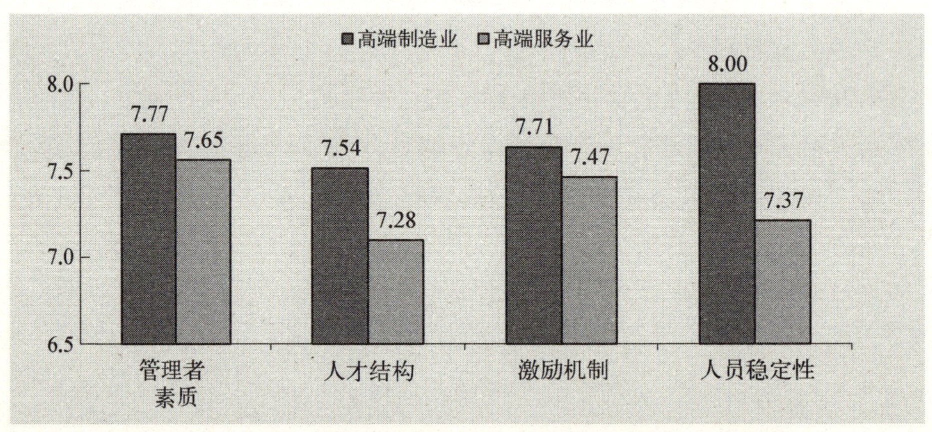

图 30 高端服务业与高端制造业在人才各子指标的平均分(10 分制)

数据来源:上海新沪商联合会、零点研究咨询集团,“2015 中国民营企业发展指数”。

中国经济在经历了 10 多年的超高速增长后开始逐步放缓,中共十八大以来党中央对当前经济形势作出了“经济增长速度换档期、结构调整阵痛期、前期刺激政策消化期”三期叠加的重要判断,并指出要适应中国经济“新常态”,下一阶段中国经济的任务仍重在结构调整。所谓结构调整是指从以前的劳动密集型向资源密集型再到知识密集型、资金密集型转型,将一些资源消耗大、环境污染严重、缺乏核心技术、处于产业链低端的产业淘汰,而将资源消耗低、附加值高、处于产业链高端的企业发展起来。

因此，新常态下的经济结构调整，对于一些处于产业链低端的企业确为不利，但对于类似高端制造业与高端服务业则相对有利。

反映到具体指标上，在经济总体下行的宏观背景下，高端制造业与高端服务业感受到的经济景气指数相对较高，位居第二位和第三位，仅次于金融业。当问及民营企业家，“您认为2014年的宏观经济对贵企业的影响时”，高端制造业与高端服务业中分别有42.3%和41.7%认为“宏观经济对企业存在有利影响”（图31）。

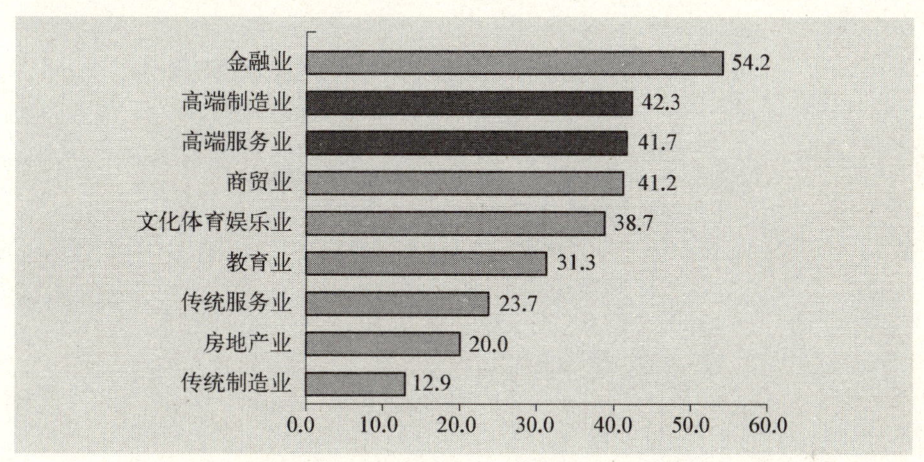

图31 民营企业家认为宏观经济有利于其所在企业的比例(%)

高端制造业的这一有利因素同样在A股市场得到了印证。从媒体公开资料来看，在目前的A股市场，与高端制造业相关的股票最为抢眼，截至2014年11月13日收盘，高端装备制造指数上涨41.9%，大幅超过上证指数和深证成指。同时，截至2014年11月13日，已有9只高端装备制造主题基金在2014年成立，而已成立的相关主题基金也展现出了良好业绩。

信息时代的到来让我国的社会结构和居民生活方式发生了深刻变化。互联网的普及，不仅是对居民生活方式的全面改变，同时也是对生产方式的巨大变革。然而，高端制造业与高端服务业本身便是伴随信息社会的发展而不断兴起的行业，对社会变化趋势具有更好的适应性，例如信息技术在高端制造业的渗透率更高，而咨询、法律等高端服务业具有轻资产、工作方式灵活等特点，其在企业组织方式、企业文化、工作方式上都更能适应信息时代的生产方式。

因此，生活方式的变革对一些传统行业或许意味着危机，但对于高端制造业与高端服务业而言，却是一大有利因素。在“生活方式影响”这一指标上，显示出高端制造业与高端服务业符合社会发展趋势的独特优势。在问及“这些年出现的网媒、自媒体、互联网金融等，对您的企业有何种影响”时，在高端制造业中，有 88.5%认为它有利于其企业的发展；而在高端服务业中，这一比例为 81.7%，在各类型企业中分别排名第一位与第四位(图 32)。

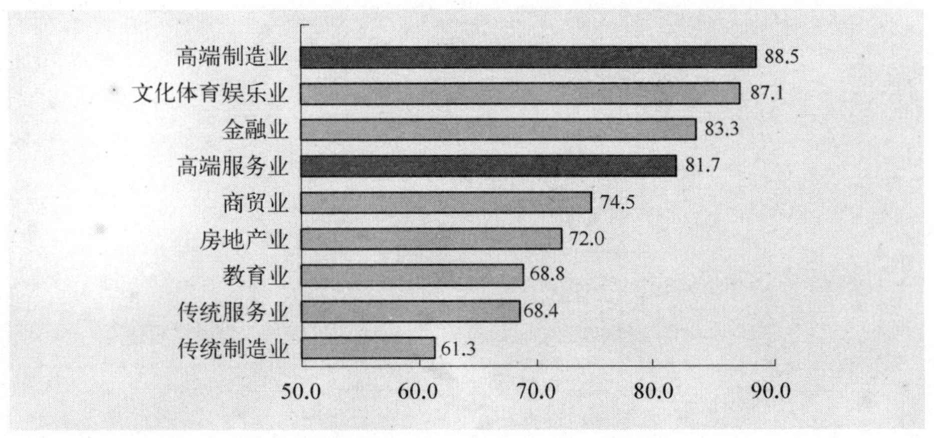

图 32　认为“生活方式影响”有利于其所在企业的比例(%)

数据来源：上海新沪商联合会、零点研究咨询集团，“2015 中国民营企业发展指数”。

从全球视野来看，随着全球经济与贸易的变化，高端制造业正在成为大国参与产业分工、争夺全球产业链最上游的角力场，美国推出“再工业化”，德国推出“工业 4.0”都是以国家力量推动高端制造业在全球范围的竞争。中国的高端制造业，尤其是其中的高端设备制造业也逐渐上升到国家战略层面，2010 年 10 月，国务院发布《国务院关于加快培育和发展战略性新兴产业的决定》，高端装备制造产业被确定为中国现阶段重点培育和发展的战略性新兴产业。2011 年 3 月发布的“十二五”规划，在制造业方面明确提出要“发展先进装备制造业，促进制造业由大变强”。

本次调研中，具体指标表现也同样能反映出高端制造业正处于政策的“浪尖”。在“财政货币政策”“行业政策”这两项指标上，高端制造业均有较好的表现。在高端制造业的民营企业家中，有 34.6％认为当前国家财政税收政策对其企业有有利影响，居于首位（图 33）。同时，在高端制造业民营企业家中，有 50％认为“当前的行业政策对其企业有有利影响”（图 34）。这说明，在当下民营经济相关政策整体相对弱势的现实环境下，民营高端制造业相对其他行业而言，能享受到较多的政策红利优势。

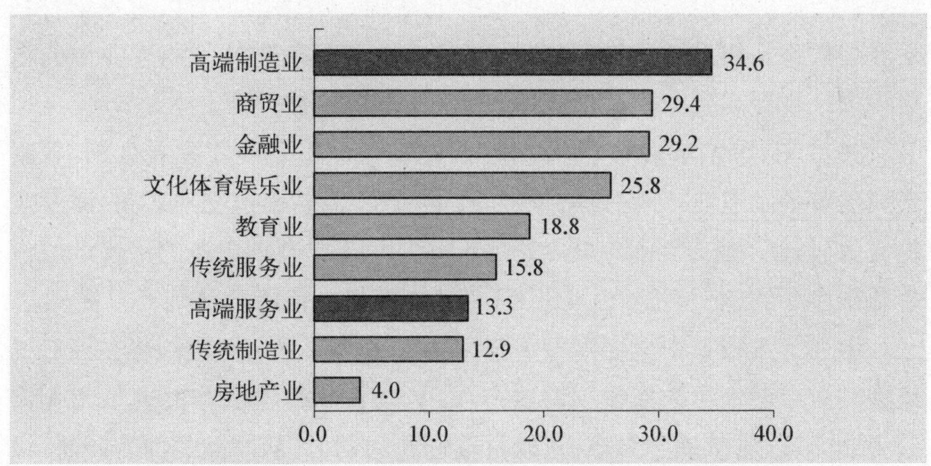

图 33　认为国家财政税收政策有利于其所在企业发展的比例（％）

数据来源：上海新沪商联合会、零点研究咨询集团，“2015 中国民营企业发展指数”。

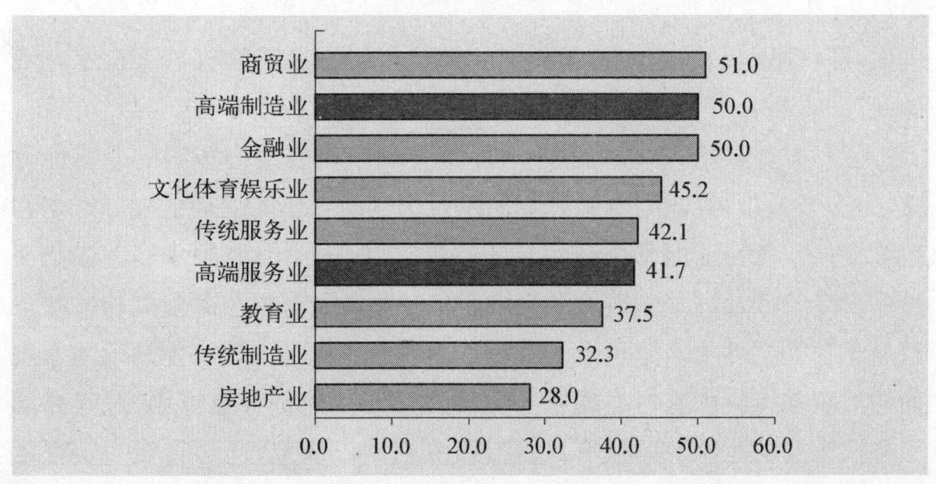

图 34　认为行业政策有利于其所在企业的比例（％）

数据来源：上海新沪商联合会、零点研究咨询集团，“2015 中国民营企业发展指数”。

高端装备制造业已逐步上升为国家战略性行业

“十一五”期间的2006年和2009年，中国就先后出台了《国务院关于加快振兴装备制造业的若干意见》和《装备制造业调整和振兴规划》，以加快装备制造业的振兴。

2010年10月18日，国务院发布《国务院关于加快培育和发展战略性新兴产业的决定》，高端装备制造产业被确定为中国现阶段重点培育和发展的战略性新兴产业，中国高端装备制造业规模在装备制造业中的占比将进一步提高到25%，成为国民经济重要的支柱产业。

2011年，工信部发布《“十二五”高端装备制造业产业发展规划》着眼于高端装备制造业，分别是航空装备、卫星及应用、轨道交通装备、海洋工程装备和智能制造装备。该规划提出，到2015年高端装备的销售产值占装备制造业的比例将达20%以上，预计年销售产值将会达到6万亿元。

中共十八届三中全会则着重强调装备制造业，“市场机制将在以后的经济发展中对资源的配置起着决定作用，装备制造业的产品要以市场需求为导向，以质量效益为核心，以科技创新为动力，从产品的前期调研、设计、制造到宣传推广和销售服务等全方位打造高附加值品牌形象”。

据媒体公开资料显示，工信部在经过对机器人产业的调研后，即将发布《关于推进工业机器人产业发展的指导意见》。机器人走向智能化、全民化，即将掀起制造业的革命。工信部将组织制定我国机器人技术路线图及产业规划。

另一方面，尽管高端服务业同样具有利于经济结构转型的战略性意义，而迄今为止，我国高端服务业的发展仍然缺乏国家层面的发展规划和政策支持。从目前国家公开发布的政策来看，国家层面的政策和法律文件并未专门涉及高端制造业和高端服务业。涉及高端服务业的相关政策散见于各类文件中。显示出政府对于高端服务业的发展可能缺乏国家层面的战略支持。国家对高端服务业的方向或规划仍存在模糊，对于高端服务业涉及的范围、性质、形式、管理、流程缺乏规范，这必将在一定程度上阻碍高端服务业的发展。

这一现象同样在本项研究中得到数据支持，对于“国家财政货币政策"这一指标，高端服务业的指数得分低于平均分。在高端服务业中，有13.3%的民营企业家认为当前的国家财政税收政策有利于该企业的发展。

守成者

如果说作为领跑者的高端制造业与高端服务业是"新生的宠儿"，那么传统制造业和商贸业则更像一位"庄重的长者"，传统制造业自工业革命以来便一直是各国国民经济的基础性行业，商贸行业更是自人类活动之初便已产生。中国过去30年的快速发展更与传统制造业的快速发展密不可分。

然而"历史悠久"的传统制造业与商贸业却面临着冲击，在本次研究中，两行业的指数得分排名均相对靠后，分别得分67.93分与69.21分，排名第六、第五，位居高端制造业、高端服务业、教育业以及金融业之后。可见，传统行业在新经济背景下的发展呈现劲头不足、略显疲弱的态势(图35)。

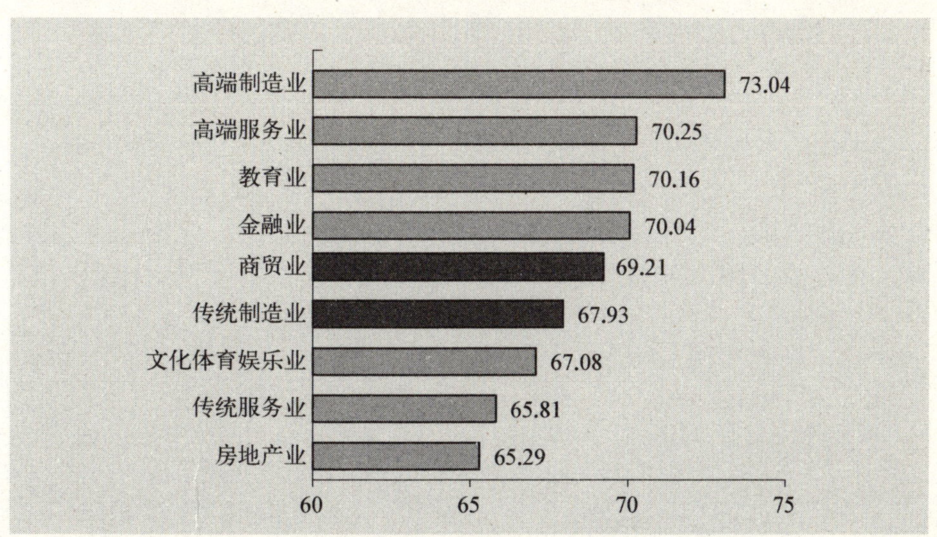

图35　传统制造业与商贸业总体得分情况(百分制)

数据来源：上海新沪商联合会、零点研究咨询集团，"2015中国民营企业发展指数"。

我们将传统制造业与商贸服务业列为守成者，既是对其历史成就的肯定，也是对其在新时代背景下应采取开放心态、不断开拓的善意提醒，更是对其时代责任的寄语——在喧嚣的时代背景下，需有效平衡"坚守"与"开放"，在夯实30年筚路蓝缕的巨大成就上不断开拓进取。

传统制造业及与之相关的商贸业无疑是过去30年我国经济获总体性成就的最大收益行业，近10年来，中国制造业增加值国内生产总值占比持续保持在30%以上。改革开放初期，百业待兴，广大农村地区的富余劳动力为工业生产提供了大量廉价劳动力。得益于低成本的人力资源优势，传统制造业依靠"进口加工"的生产模式，在过去30年获得快速发展，形成了中国"外向型经济"(图36)。自20世纪90年代以来，中国的进出口贸易一直保持高额贸易顺差，温州、东莞等地商品行销全球，"中国制造"享誉海外。据零点研究咨询集团2013年在中国、美国、肯尼亚、印度和巴西5国进行的中国国家形象调查，海外公众对中国的"第一印象"即为"中国制造"。这些数据从侧面折射出传统制造业在过去30年的总体性成就和厚重积淀，也正是"守成者"的"成"之所在。

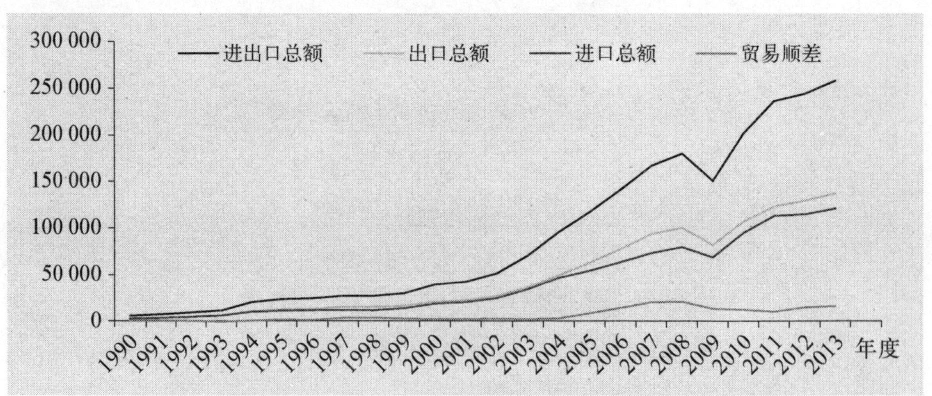

图36 1990—2013年中国的进出口贸易情况一览表(亿元)

数据来源：国际统计局网站。

国家统计局数据显示，中国PMI在2005—2008年，曾长期高于55%。但2010年后，此比值持续低于55%，由此也显示出传统制造业总体疲弱态势。结合行业特点与此次的指标数据，我们分析传统制造业与商贸业的危机正在以下几方面显现：

经济气候的敏感者

金融危机以来，全球经济进入低迷期，海外贸易订单锐减，国内经济逐步进入结构调整时期。从本次研究的指标得分来看，传统制造业与商贸业对经济气候的变化最为敏感，在“宏观经济景气”这一指标上得分均较低；在传统制造业中，仅23.7%的企业家认为当前宏观经济是有利于其企业的发展（图37）。这与传统制造业的“外向型”特征十分相符，以“外向型”为主要特征的传统制造业过度依赖海外市场，海外市场景气时则是“东莞堵车，全球缺货”，海外市场的萎缩则导致传统制造业的萧条。在“行业活跃度”这一指标上，有41.9%的传统制造业企业家认为其行业“不太有活力”或“非常没有活力”。传统制造业交易活动的萧条又可见一斑。

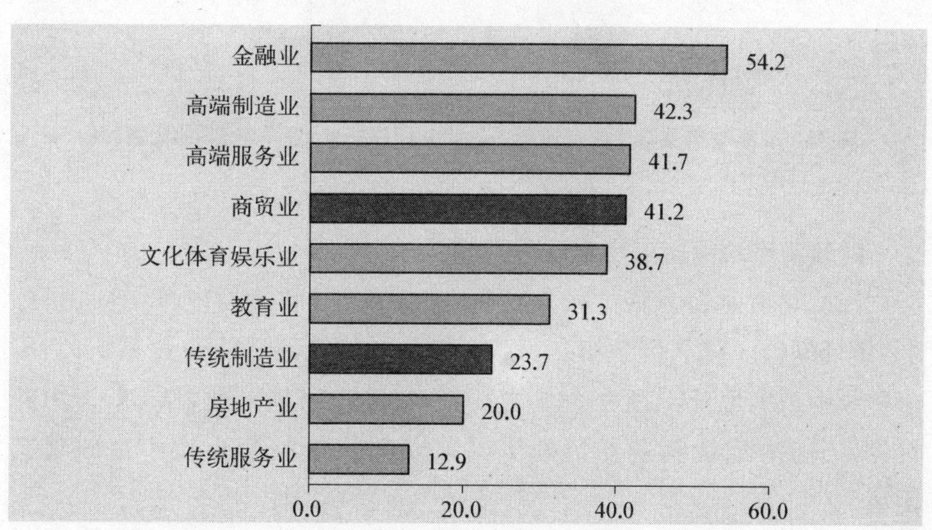

图37　认为宏观经济有利于该行业发展的比例(%)

此外，在国内经济结构转型调整的背景下，传统制造业与商贸业所面临的需求锐减、债务危机、竞争白热化等宏观经济问题在这次的指数研究中一一得到体现。

行业竞争度折射市场过度饱和

调查显示，在传统制造业中，有90.3%的企业家(图38)，认为传统制造业“竞争激烈”，其中38.7%认为非常激烈。在商贸业中，90.2%的企业家认为所处行业“竞争激烈”，其中52.9%认为“非常激烈”。传统制造业与商贸业同为准入门槛低行业。过度的市场竞争意味着企业只能被迫采取低价等同质化竞争手段。行业竞争度这一指标说明传统行业与商贸行业存在市场过度饱和的情况。

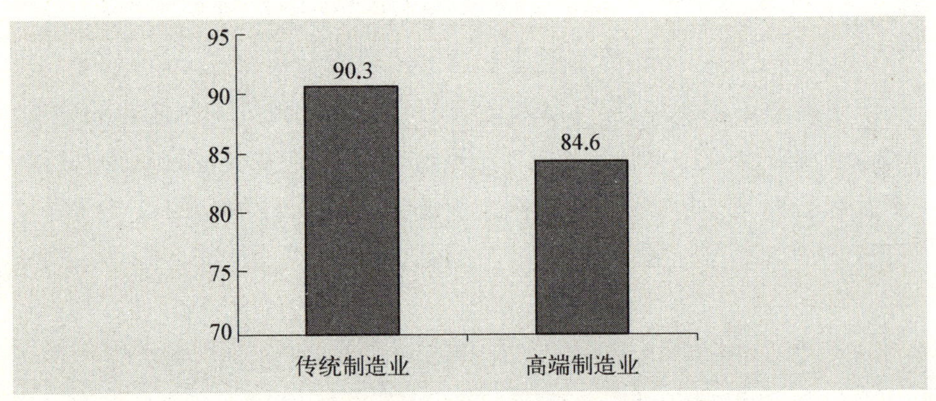

图38 高端制造业与传统制造业中认为其所在行业“竞争激烈”的比例(%)

财政货币政策折射现实政策困境

传统制造业多为资金密集型行业，但在“财政货币政策”这一指标上，传统制造业排名倒数第二，仅有12.9%传统制造业企业家认为，国家货币财政有利于其所在企业的发展，仅高出房地产业(图39)。由此可见，当前的传统制造业仍处于国家财政货币政策支持不足的现实困境。

社会变化的冲击

正如年长者往往对新兴事物的反应更为迟缓，相对老牌的传统制造业与商贸业对于新兴的社会变化也出现反应相对迟缓的现象。互联网的出现立即让所有企业面临“传统行业”与“新兴行业”的巨大分野，互联网

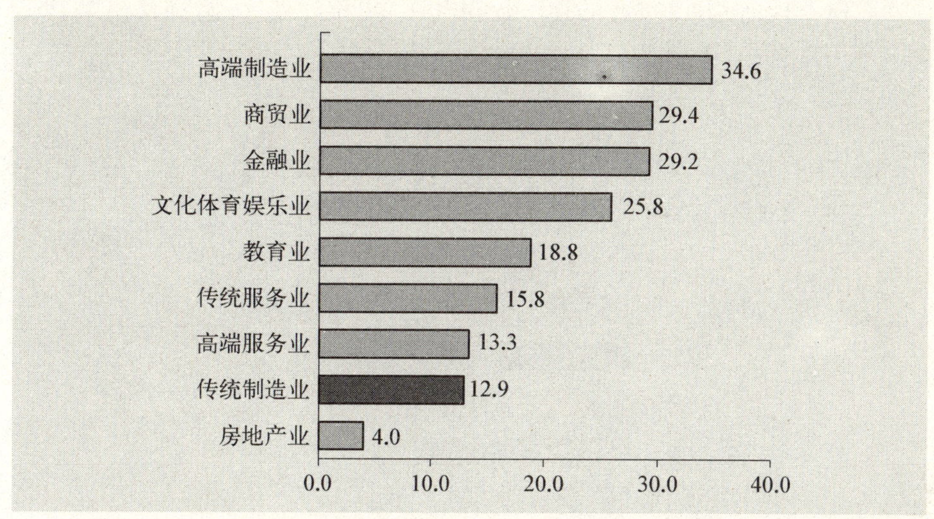

图 39　民营企业家认为国家财政税收政策有利于其所在企业发展的比例(%)

对企业而言,不仅意味着简单的信息化,更意味着企业在产、学、研生产过程中思维的转换。国内有些理论家指出,互联网技术兴起具有技术赋权的重要意义,有利于打破传统工业社会中心化的、科层制的企业组织方式及生产方式,并重新定义了企业与用户之间的关系,标志着消费者主权时代的到来:用户在产品研发、生产过程中将掌握更多话语权。国内某些企业,在产品研发过程中,会根据网友意见不断完善产品,正是理论在现实层面的实践,小米手机就是其中的典型代表。这便要求企业需要更加主动地了解用户,以用户为中心。更何况在大数据时代背景下,用户对企业而言不再是"模糊的大众",而是清晰可见的鲜明个体。

传统制造业与商贸业多因循工业时代的传统生产方式、组织方式、营销方式。改革开放初期,当各市场尚不成熟时,这样的生产方式或许能获取一定成功,但当市场上主体不断增多、竞争日益激烈的时候,许多企业传统的运营方式便会失灵。

从本次指标得分的情况看,传统制造业与商贸业的"生活方式影响"这一二级指标得分均排名相对靠后,尤其是传统制造业,排名最末。61.3%传统制造业企业家,认为"自媒体、网购、互联网金融等新兴生活方式"有利于其企业，商贸业的这一比例为 74.5％，但这一比例在高端制造业中为 88.5％(图 40)。

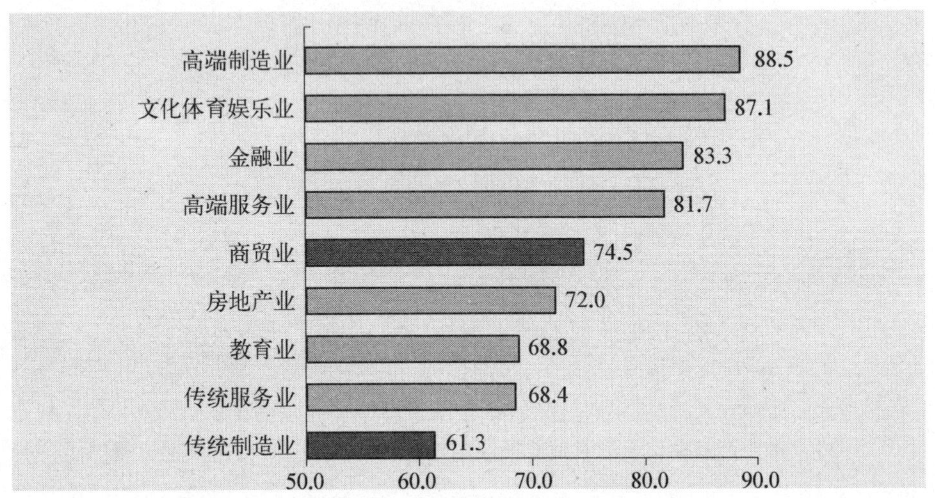

图 40　认为"生活方式影响"对其企业有利的比例(％)

数据来源：上海新沪商联合会、零点研究咨询集团，"2015 中国民营企业发展指数"。

自身创新能力不足

"创新"是企业生存的持续动力。在市场化初期，我们的民营企业往往在产品技术、企业管理、商业模式上借鉴西方成熟的企业经验，而多缺乏自主创新。当然，在缺乏企业运作经验的现实条件下，借鉴先进国家的经验，本无可厚非，从学理上来讲，也是运用"后发展国家优势"的一种做法。同时，结合本国实情，因地制宜地进行借鉴，本身也是一种创新。然而，随着全球经济一体化，国际市场不断交融，中国企业不得不与一些国际性大企业在同一平台共同竞争，这便对我们企业的"创新"提出了更高的要求，要既适应中国本土文化，又符合国际竞争规则。

但从现实来看，一些"土生土长"的传统制造业与商贸业在创新上略显不足，在这一指标上普遍偏低。当要求受访民营企业家分别用 1～10 分为其企业的产品/服务创新能力、管理模式创新能力、商业模式创新能力分别打分时，在产品/服务创新这一指标上，传统制造业得分 7.55，排名第四；而商贸业则得分 7.3，排名第七。在管理模式创新这一指标上，传统制造业得分 7.16，排名第四；商贸业得分 7.02，排名第九。在商业模式上，传统制造业得分 7.26，排名第七；商贸业则得分 7.49，排名第五（图 41）。

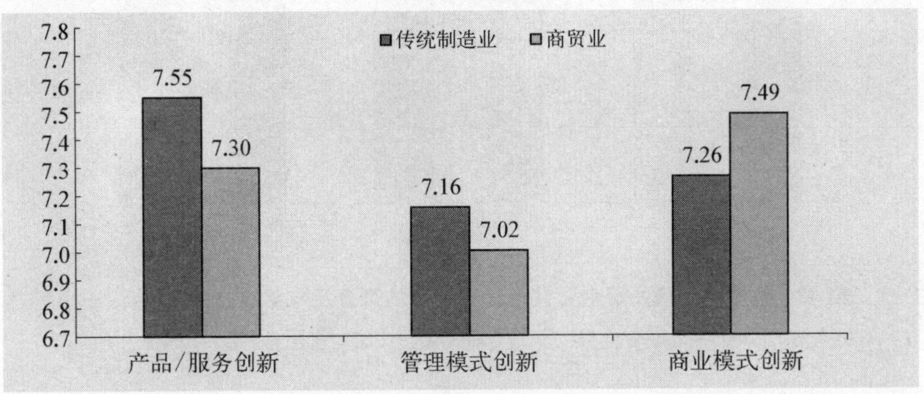

图 41　传统制造业与商贸业在与“技术创新”相关指标的得分情况（10 分制）

数据来源：上海新沪商联合会、零点研究咨询集团，“2015 中国民营企业发展指数”。

追赶者

从各行业整体指数得分来看，百分制下教育行业民营企业以 70.16 分位列所有行业指数得分的第 3 位，金融（70.04 分）位列第 4 名，两者均高于全部行业民营企业的指数平均得分（68.76 分）。

在宏观环境、行业环境和企业管理一级指标中，教育和金融在企业管理方面优势突出，分别处在所调查行业的第二、第三名，但在宏观环境上的指数得分相对较低（图 42）。两行业对本企业发展内驱力看好，对企业发展的外部环境表示担忧。

从整体看来，教育和金融行业规模不如高端制造业和高端服务业，但是作为一种新兴产业也表现出了充分的活力，并且顺应了经济结构由劳动密集型向知识密集型转变和资源密集型向资金密集型的转变趋势，在行业竞争中急流勇进，成为名副其实的“追赶者”。

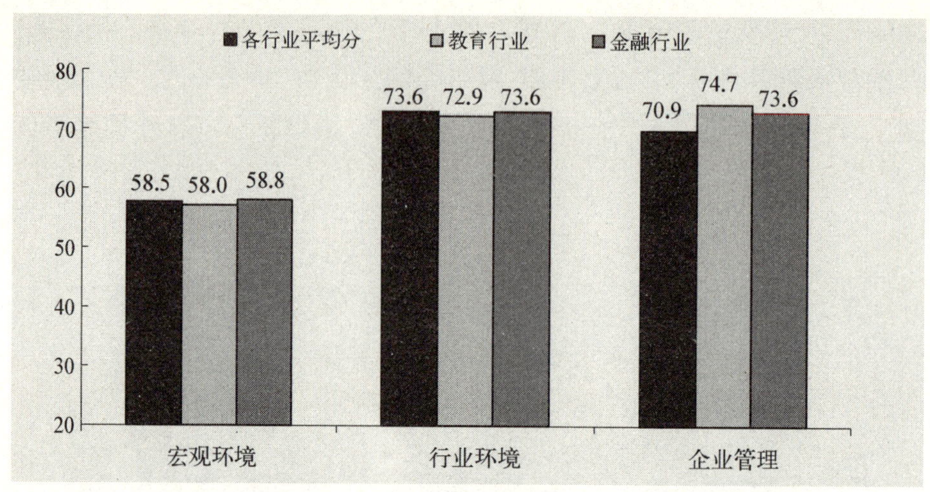

图 42 教育和金融民营企业在一级指标上的得分及与平均分对比(百分制)

数据来源：上海新沪商联合会、零点研究咨询集团，“2015 中国民营企业发展指数”。

“追赶者”的姿态

行业前景广阔

行业有活力

调查数据显示，金融和教育行业民营企业都认同本企业有活力的比例分别为 83.4%和 81.3%，均显著高于所有行业民营企业在该项上的比重(71.2%)。

从长远来看，民营企业投资教育是一个既有社会效益又风险不大的选择，民办教育敢于在教学中寻求创新，在教育管理方式上也比较灵活。在金融行业中，《中共中央关于全面深化改革若干重大问题的决定》明确指出，“在加强监管前提下，允许具备条件的民间资本依法发起设立中小型银行等金融机构”。将民营资本引入到银行领域中，一方面可以打破目前国有银行为主体的、集中度相对较高的银行业经营格局；另一方面对于整个社会金融效率的提高，融资成本的降低有重大意义；也使金融对于民营经济特别是其中的中小企业支持有望落到实处。金融改革会激发行业活力。

市场客户稳定

在渠道维护方面，几乎所有被调查的教育行业民营企业都认为本行业的客户渠道稳定、客户数量稳步增长，金融行业民营企业在该项上认同的比例也达到79.1%。据《2013年中国家庭教育消费白皮书》调查显示，“教育消费”作为家庭消费的重头，占到中国社会中坚阶层家庭收入的1/5，并且该比例预期还将持续增长，预计2011—2013年中国家庭教育支出有望达到8 000亿～1万亿元。

自身盈利能力强

在行业自身的盈利方面，金融和教育行业民营企业也有足够优势，金融和教育行业民营企业认为本企业盈利能力较强、发展速度较快的比例分别为87.5%和81.3%，均显著高于所调查的九个行业的整体认同比重(70.8%)。

教育和金融业经营指标发展优势明显：75%的金融业民营企业认为本企业2014年利润增长了，高出九行业民营企业平均水平(56.6%)近两成，并位列九行业之首。从企业的财政年度利润情况看，62.5%的教育业民营企业和58.4%的金融行业民营企业认为公司经营有利润。

行业内驱力强劲

行业创新能力强

九行业民营企业的调查结果显示，教育行业民营企业在管理模式创新中排名第二，同样在商业模式创新10分制的打分中，金融和教育行业民营企业得分分别为8分和7.88分，位列九行业的第二和第三名。

员工素质高

在员工素质和人才结构方面，调查结果显示金融行业民营企业稳居各行业之首，教育行业民营企业也处在各行业的中等靠上的位置，同时，教育和金融行业民营企业的人员稳定性也在各行业中展现了足够优势，分别处在九行业民营企业中的第二和第四位。

教育和金融行业民营企业员工福利得到了社会认可的比重分别为68.8%和66.7%，均高于所有行业民营企业在该项上的比重(60.6%)。

领导者素质高

10分制下，金融(7.96分)和教育(7.56分)行业民营企业的领导者素质得分都高于所有行业民营企业的平均得分(7.54 分),其中金融行业民营企业对本企业领导者素质的打分最高。

“追赶者”的发展瓶颈

政策不稳定

从“公有制的有益补充”到“我国社会主义市场经济的重要组成部分”,民营经济在国民经济中的地位不断提高,我国民营经济的发展与政府制度扶持和资源供给密切相关。虽然国家鼓励民营经济的政策是逐步完善的,但是整体来说民营企业依旧存在生存和持续发展的问题,民营经济发展初期,市场准入条件具有明显的不稳定性。

调查发现,在诸如政策不稳定、市场竞争太激烈、公司运营与管理能力不足、资金资源紧缺等造成企业安全感缺失的因素中,政策的不稳定成为教育(37.5%)和金融行业(12.5%)安全感缺失的最关键因素,其中政策不稳定显著地影响了教育行业,其在该项上的比重显著高于所有行业(18.5%)。

政策不合理

准入门槛不平等

高达 75%的教育行业民营企业认为本行业的准入门槛不平等,是所调查行业中此比例最高的行业,高出各行业的平均水平(53.3%)两成有余,金融行业中也有 54.1%的民营企业表示行业准入门槛不平等,也同样高于所有行业的平均水平。

在民营企业的融资问题上,调查显示仅四成中国民营企业认为本企业融资需求基本得到满足,55.7%的民营企业表示本企业向银行贷款困难;同样近五成半(54.1%)的金融行业民营企业表示向银行贷款困难。八成多(82.8%)民营企业认为融资难的原因之一就是民营企业和国有企业受到了不平等的对待,其中金融行业民营企业感受到不平等的比例最高(91.7%)。

虽然央行出台政策要增加对民营企业的贷款,但基于体制内原因,大部分银行的贷款顺序还依旧是国有企业、“三资”企业,最后才轮到民营企业。同时民营企业贷款中还存在手续烦琐、条件苛刻等现象，所以民营企业在创业初期可以依靠来自企业主、合伙人及私人贷款的融资，但是在追加扩大投资中主要依靠内部渠道自筹。

我国资本市场融资门槛过高，融资渠道过少问题也很明显。债券发行市场实行的是规模管理，即国务院统一规定债券发行规模及指标，其申请债券的企业净资产不低于 3 000 万元，这基本限制了民营企业通过债券市场融资，但是又缺乏专门为民营企业贷款的金融机构，融资难问题成为金融乃至其他民营企业的发展瓶颈。

行业政策不利

调查发现，教育和金融行业的民营企业都认为“行业监管与行业标准”对本企业不利的占 37.5% 和 29.1%，明显高于所有行业在该项上的比重(26.2%)。教育行业业内人士指出，我国目前没有将 0～3 岁的婴幼儿教育纳入国家教育体系，也没有一个统一标准，政策上对于婴幼儿教育管理还处于“真空”状态。民办教育相比于公办教育，很多方面享受不到国家税收优惠政策，而影响其经营收益。调查也发现，25%的教育行业民营企业认为行业政策对本企业不利，这一比例显著高于所有行业的平均水平(17.5%)。

在金融行业监管中，我国实行的是以人民银行、银监会、保监会等所谓的“一行三会”为主的金融分业监管体制，但是该体制所表现出来的监管冲突、监管真空和监管重复使得金融监管成本高、效率低。整体而言，中国监管类金融市场普遍存在管得太死。上海金融办公室主任方星海建议金融行业民营企业最好不要进入监管类的金融行业，可以从非监管类的金融机构比如私募证券基金入手。

审批环节拖延

发展民办教育是发展我国教育事业的必然选择，但在我国，民办教育还远没有形成和公办教育共同发展的格局。调查研究发现，在所有参与调查的行业中，整体认为审批环节有问题的占 22.5%，其中教育行业认为企业存在审批环节问题的比重最高，为 31.3%，教育行业表现出对企业办事人员态度蛮横或违规增加、拖延审批环节的不满。

湖北省某市对民办学校的审批步骤达 12 道程序：咨询—申请—受

理—考察—核资—批筹—督导—验资—评估—审批—发证—公告。加大审批环节的操作固然能更好地规范教育行业，但是在现有的教育体系中，民办教育始终面临尴尬局面，在如此烦琐的审批环节中，办学者疲于应对。我国没有一个具有权威性的民办教育管理机构，政府各部门之间缺乏沟通，相互争夺办学审批权，令教育行业民营企业在应对政府工作人员和审批环节中苦不堪言。

政府扶持力度弱

政府服务效率低

教育行业民营企业面临审批环节拖延问题，不可避免地反映出其对政府服务效率的不满，在政府的服务效率方面，有 37.6%的教育行业民营企业认为政府服务效率低。而金融行业民营企业也有 37.5%认为政府服务效率低，其服务缺陷主要体现在没有与金融行业民营企业相对应的部门与产品，从而影响了其服务效率。两行业认为政府服务效率低的比重均略高于所有行业的平均水平(35.4%)。

企业获取资源能力弱

政府对申办民办学校的校舍规模、教师资格、注册资金、教学设备等都有硬性要求，而运营成本中土地租赁金高、师资成本高和营销广告费用高无疑成为民办教育的“三座大山”，在用地上，很多地方的公办学校可以免交地价，民办学校则要交很高的地价。调查研究结果显示，半数教育类民营企业高管认为本企业获得配套资源的能力相对较弱(这里的获得配套资源的能力指的是获得土地、水、电等配套设施的能力)，这一比例高于所有行业的平均值(41.7%)。

此外，教育行业民营企业还面临行业开放度低的问题，25.1%的教育行业民营企业认为本行业的开放度低，远高于所有行业的平均水平(12.3%)。

“追赶者”的希望

虽然民营企业面临着融资难问题，但过半数民营企业表示民营银行的出现将缓解中小民营企业的融资难问题，62.3%的企业会考虑去民营银行申请贷款，即使民营银行在化解企业金融问题上杯水车薪，但总体反映出民营银行受到民营企业的相当认可。

金融和教育行业民营企业自身安全感较强，位列所有行业第一、第二的位置。

随着现代信息科技的发展以及互联网技术对各行业的渗透，教育和金融行业也出现了新的发展趋势：在线教育和互联网金融。

扩展阅读

在线教育全景及展望

随着互联网对教育行业的渗透，“在线教育”因能突破时空限制、学习方式灵活多样、资源丰富、门槛低、能结合移动终端实现碎片化学习等优势获得大众的青睐，同时也因其互动性上用户体验较差而备受质疑，但整体而言在线教育热潮不断(图 43)。

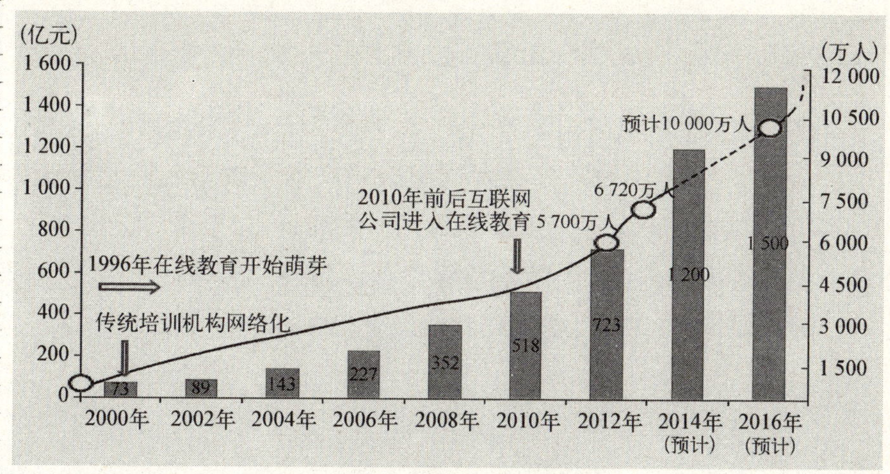

图 43　在线教育强势来袭

注：左侧坐标轴为在线教育市场规模(柱状图)；右侧坐标轴为在线教育用户人数(折线图中实线是已有网络数据；虚线为依据已有数据的趋势而来的估算值)。

数据来源：项目组根据网络公开资料整理得出，2014 年及以后数据为估算值。

在线教育的产业链由哪些构成？内容提供商、平台提供商(B2C、C2C)和技术提供商三大块构成在线教育的产业链。其中线上教育离不开技术，通过技术使得学习形式多样化和互动有效实现，但是技术只是一种辅助手段，关键是服务于教学内容，而这些都最终服务于用户体验，解决用户的刚需是关键，而平台提供商则是内容提供商和终端用户的中介平台，必要时也会提供技术支持。

在线教育的覆盖领域在哪里？学前教育、K12、高等教育、留学、职业教育、语言培训等领域都是其所辖范围，但受众群体的需求有着极大不同。移动学习资讯网执行总裁吕森林认为在线教育需求呈现倒金字塔结构：小学及学前用户多集中于益智百科类学习，中学则主要是考试及答疑的需求，大学生则主要在等级类考试、专业课学习以及补充必要的职业课程，其中 MOOC(Massive Open Online Course，即大规模网络公开课，中译“慕课”)成为广为流行的崭新学习方式，而对于在职类人群，在线学习目的性很强，集中在提高专业和职业发展，甚至管理水平上。

未来公众对在线教育有着很大期待，聚焦于移动化、大数据、游戏化、与面授结合等，上海学晓网络技术有限公司市场及教学总监李鹏认为，2014 年在线教育仍然是全球瞩目的培训与发展热点，未来将会出现七个方面的发展趋势，包括游戏化、响应多设备学习、社交、普适学习、混合学习等。随着现代信息技术的进步，在线教育仍在探索中发展。

案例

立足做在线教育中的“淘宝”——YY 教育

YY 教育是欢聚时代 2011 年基于全球最大的团队语音工具

YY推出的互动教学平台，YY教育由YY教育网站和用于真正实现万人互动课堂的YY语音软件构成。作为一个互联网企业，其凭借互联网的技术优势，利用YY语音软件实现学生互动，教学评估和问题反馈，完成了线上即时互动课堂。欢聚时代执行总裁李学凌宣称YY要做教育领域的"淘宝"，即在"100教育"平台上，实现需求方和供应商的有效对接，老师（卖家）实现与学生（买家）的直接网上教学互动。

YY教育切入在线教育领域有哪些优势？（见图44）

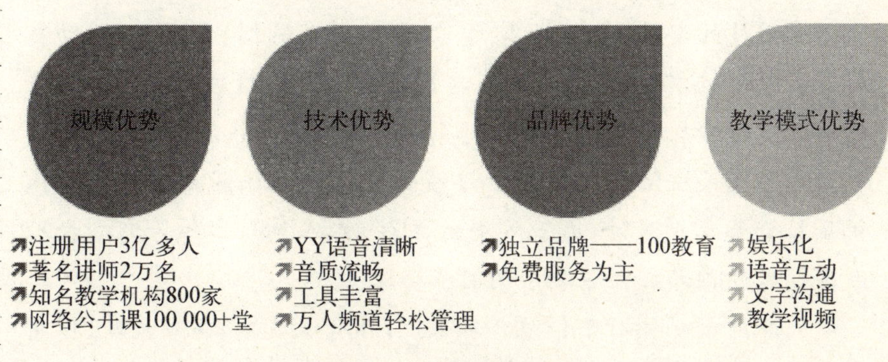

图44　在线教育的优势

YY的收入模式是怎样的？

- 平台佣金：为进驻平台的教育机构收取佣金，YY要做在线教育的"淘宝"。
- 广告费用：在线教师不可避免地要给自己做广告，"100教育"收取广告费。
- 授课房间租金：教师授课租用房间，可以从中提取相应的租金收入。
- 增值服务：向定制个性化课程的学生收费等。

YY作为众多的平台型在线教育企业中的一员，也不可避免地要做好流量维护和提供高质量内容的工作，怎样培养用户习惯和找准自身定位是需要潜心思索的问题。

扩展阅读

互联网金融专题

互联网金融是现代信息技术、网络技术和各种金融业务的有机结合，是在互联网和移动互联网虚拟空间进行金融活动的一种新型金融形式。

互联网金融产生的背景包括：信息和网络技术的进步，以及现代信息科技的发展，如云计算、搜索引擎、社交网络、大数据、移动支付等提供了技术背景；虚拟经济特别是电子商务的快速发展对便捷的网上支付方式产生了迫切需求，提供了相应的经济背景；互联网的兴起对居民生活方式和生活习惯的变化为互联网金融的出现提供了社会背景。另外，第三方支付、P2P（人人贷）、众筹等新型金融服务模式的创新提供了相应的时代背景。

互联网金融相对于传统金融来说，具有低成本、高效便捷、信息对称以及大众化和收益高等明显优势。同时互联网金融的六大模式有效推动了金融的脱媒。

落后者

文化、体育和娱乐业，以生产和提供精神产品为主要活动，主要目的是满足人们的精神需要（与物质需要相对应）。该产业在我国总体起步时间较晚，政府介入较多，很多重点文化企业是由政府经营或扶持、很多重点项目由政府提出，行业的市场化进程相对较慢，民营企业实力偏弱。指标得分显示，文化、体育和娱乐业的总体指标得分是 67.08 分，低于总体平均得分（68.76 分），在本次所有九个行业中仅排第七位。

发展指标倒置：企业管理是短板

对于大部分发展不够景气的行业来说，最重要原因一般是宏观环境不佳，其次可能是因为行业环境不佳，最后才可能是自身企业管理水平的问题。所以在行业发展指标体系的三个维度上，一般是企业管理优于行业环境，行业环境优于宏观环境。

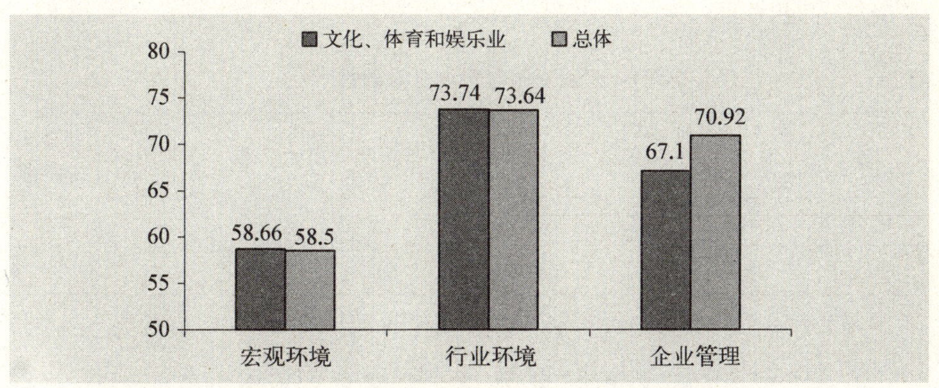

图 45　文化、体育和娱乐业指标得分情况及其与平均水平的对比(百分制)

数据来源：上海新沪商联合会、零点研究咨询集团，“2015 中国民营企业发展指数”。

然而，文化、体育和娱乐业的企业管理水平明显差于宏观环境和行业环境。该行业企业管理指标得分(67.1 分)明显低于平均水平(70.92 分)，(图 45)其他两个指标则均处于正常水平，其中，行业环境(73.74 分)比平均水平高 0.1 分(73.64 分)，宏观环境(58.66 分)比平均水平高 0.16 分(58.5 分)(表 8)。

表 8　文化、体育与娱乐业指标得分与总体指标得分情况对比(百分制)

对比项目	文化、体育与娱乐业(得分)	总体(得分)	本行业得分－总体得分
宏观环境	58.66	58.5	＋0.16
行业环境	73.74	73.64	＋0.1
企业管理	67.1	70.92	－3.82

数据来源：上海新沪商联合会、零点研究咨询集团，“2015 中国民营企业发展指数”。

针对近些年出现的网购、自媒体、互联网金融等居民生活方式上的变革，87.1%的文化、体育与娱乐业受访者认为这些变革对自己的企业是非常有利或比较有利的，这一比例在所有行业中最高（平均水平仅 76.5%）（表 9）。此外，党和国家也高度重视文化产业的发展，要想真正成为世界强国，文化软实力和经济硬实力发挥着同样重要的作用，所以"全面提升文化软实力、文化竞争力和文化持续发展能力"被频繁提及。对于文化、体育和娱乐产业，不管是消费者的高需求，还是国家的高期望，这都是一个最好的时代。

表 9　生活变革对自己企业的影响（%）

对　比　者	非常有利	比较有利	没有影响	不太有利	非常不利	拒答/说不清
文化、体育和娱乐业	45.2	41.9	3.2	3.2	0	6.5
总　体	39.1	37.4	7.9	7.6	2	6

数据来源：上海新沪商联合会、零点研究咨询集团，"2015 中国民营企业发展指数"。

社会大环境对于文化、体育、娱乐的需求量达到历史最高水平，这得益于改革开放后人们的物质生活水平的提高，中国没有一个时代的大众像现在这样需要这样高的精神消费。比如电影产业在最近几年的发展就迎来了大幅增长，看电影再也不是"小资"的专属福利，而是每个人都可以选择的周末放松项目，休闲习惯的变化使得电影业获得了更多消费者。据国家统计局数据显示，2010 年，我国电影总票房为 101.72 亿元，其中国产电影票房仅 57.34 亿元；2013 年，电影总票房变成了 217.69 亿元，国产电影票房也达到 127.6 亿元，是 2010 年的两倍还多（图 46）；而 2014 年 1—9 月，我国电影总票房的成绩已经超过了 2013 年全年，高达 219.49 亿元。

有正向发展的市场需求压阵，行业环境自然不会太差，调查结果显示，对行业开放度、行业竞争度和行业活跃度给出积极评价的行业内民营企业家分别占比 77.4%、93.5%和 80.6%，这一比例与总体水平相差无几（分别为 77.8%、89.4%和 81.1%）（图 47）。如果说好的宏观环境为产业发展提供了优质空气的话，那么正常的行业环境则为产业的健康发展提供了适宜的土壤，而对于文化、体育和娱乐业，这些外部环境已然具备。

社会大环境和行业小环境的优良表现并没有给行业带来真正的繁

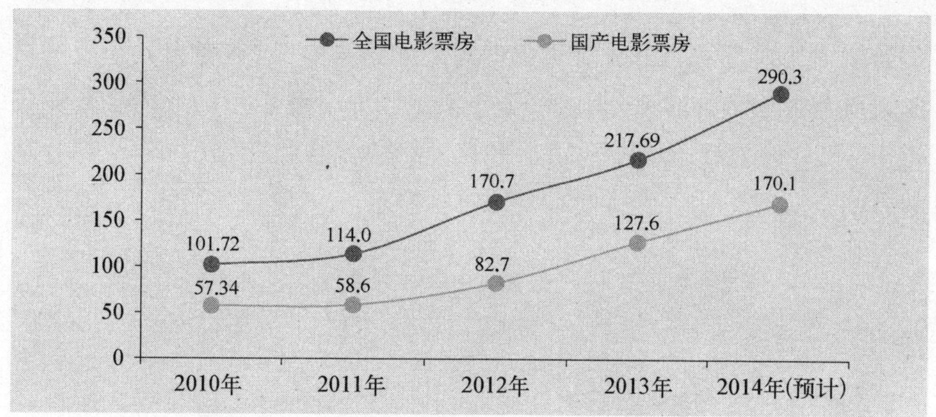

图 46　2010—2014 年全国电影票房及国产电影票房增长情况(亿元)

数据来源：国家统计局。

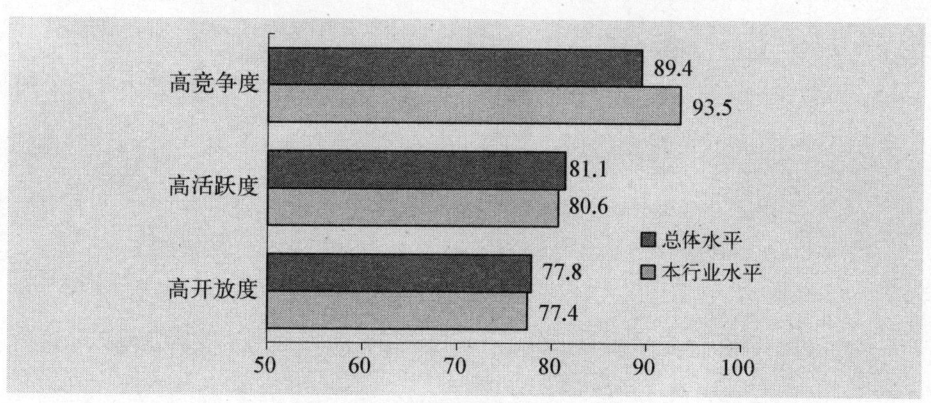

图 47　对行业景气的认同度(%)

数据来源：上海新沪商联合会、零点研究咨询集团，“2015 中国民营企业发展指数”。

荣，从调查结果来看，在企业管理能力方面，该行业仅比作为“危机者”的传统生活服务业略高一些。

作为注重精神属性的文化、体育、娱乐产业来讲，其行业特征是具有高文化附加值的知识型产业，同时也是一个创意型产业。然而，这些本应该具有的属性在目前的产业里并不容易看到，相较于其市场潜力，该产业的市场化程度和生产力水平并不匹配。在被要求给自己企业的技术/产品/服务创新能力打分(10 分制)的时候，该行业受访者仅 41.9%给出了

8 分及以上的高分，甚至比总体平均水平还低了 10 多个百分点(52%)。创新能力的缺乏可能与目前从业者的人才结构有关，在对自己企业的员工素质及人才结构的评分上(10 分制)，给出 8 分及以上的业内企业家仅占 16.1%，远远低于总体平均水平(42.1%)。从目前情况来看，部分从业者的素质似乎达不到行业本身的内在要求(图 48)。

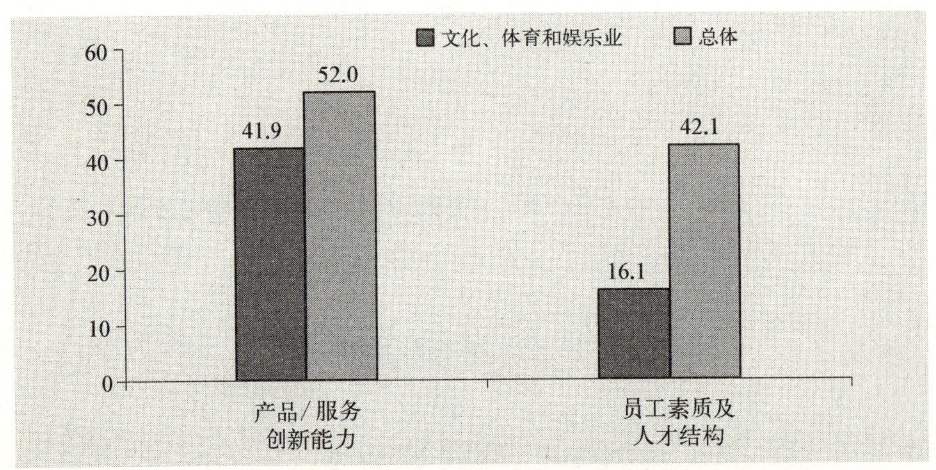

图 48　百分制下，对自己企业评分超过 80 分的比例(%)

数据来源：上海新沪商联合会、零点研究咨询集团，“2015 中国民营企业发展指数”。

发展加速度：互联网思维的介入

互联网也给行业发展带来了新的变化，我们已经看到，具有市场潜力的新兴行业正在迅速涌入，本行业中那些寻求突破的也在努力探索，不管是哪种模式，这些新气象对于行业进步可能会起到催化剂的作用。

一如互联网巨头的强势出击。以 BAT 为首的互联网巨头主动出击，纷纷进军文化娱乐产业，他们的策略无不是“互动娱乐”，智能化、数据化、社交化的文化娱乐新方式初露端倪。

以阿里巴巴为例，2014 年以来阿里巴巴在娱乐领域频频动作，以影视业黑马的姿态出现在公众面前。2014 年 6 月 25 日，阿里巴巴收购文化中国传播集团 60%的股份，阿里巴巴成为“文化中国”第一大股东，同时，“文化中国”正式更名为阿里巴巴影业。“文化中国”是一家综合性文化产业集团，主营业务方向为影视剧制作、传媒经营和手机无线新媒体运营等，2013年火爆程度一时无二的《西游降魔片》和《新警察故事2013》正是该公司投资的。这一事件标志着阿里巴巴正式进军影视业，也是阿里巴巴布局文化产业的重要一环。马云在接受采访时说："如果文化产业起不来，中国就是个暴发户国家。"阿里巴巴有着全球最大的电商数据，投资影视也会有效利用这一数据支持，在剧本选择、演员选择、后期营销等各方面都会提供基于当下流行趋势的，为受众偏好的策略支持。阿里影业也有可能像美国公司Netflix投拍获得巨大成功的《纸牌屋》的模式学习，即根据观众喜好制作作品，拍一集播放一集，边拍边播放，还可以由观众来主导剧情发展。11月18日，阿里影业已经与腾讯、"中国平安"一道，以合计近35亿元入股华谊兄弟传媒股份有限公司，这标志着阿里影视又迈出了重要的一步。

在此之前，阿里巴巴还在2014年3月31日推出了"娱乐宝"平台，用户在该平台通过购买一款保险理财产品的方式可以投资拍摄热门影视剧作品。阿里巴巴数字娱乐事业群在4月3日宣布，娱乐宝第一期的4个投资项目(共78.5万份)已经全部售罄，吸纳总金额7 300万元(图49)。这就是互联网思维带来的全民娱乐新体验，"百元出品人"吸引了一批兴趣者，创造出了一个新的利润增长点。

二如传统从业者的自我革命。一方面，互联网新势力在入侵；另一方面，一些看到行业问题的传统从业者并没有故步自封，他们也在不断寻求管理模式的创新。

比如以文娱演出/体育赛事票务营销为主营业务的永乐票务(北京春秋永乐文化传播有限公司)就是这样积极探索的例子。第一个革新是用电子票替代传统纸质票，使用手机扫描二维码等方式，由以前的"凭票入场"变为"扫码入场"。既减少了消费者的时间成本也减少了企业的邮寄成本。其次，一场好的演出/赛事可能一票难求，而毫无吸引力的演出/赛事也可能一票难卖，所以对演出/赛事内容的选择直接关系到企业的利润。以前的永乐票务在演出规划上是经验判断法，并不能总是准确地把握消费者的兴趣所在，经常出现亏本的情况。现在永乐票务通过与百度

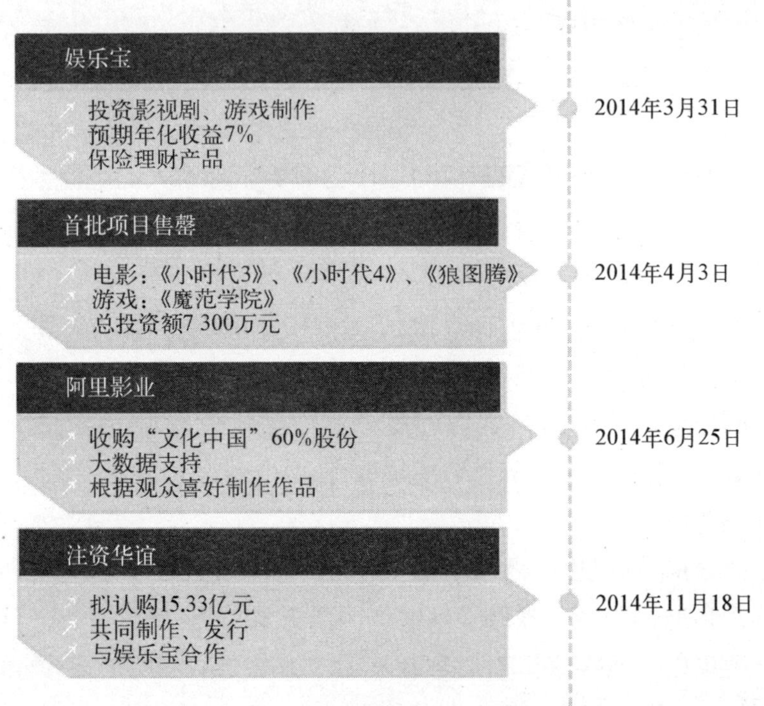

图 49　2014 年阿里巴巴的文化娱乐产业布局

合作，进行大数据的整合，科学分析消费者对演出/赛事市场的需求，真正做到了按需排演(图 50)。

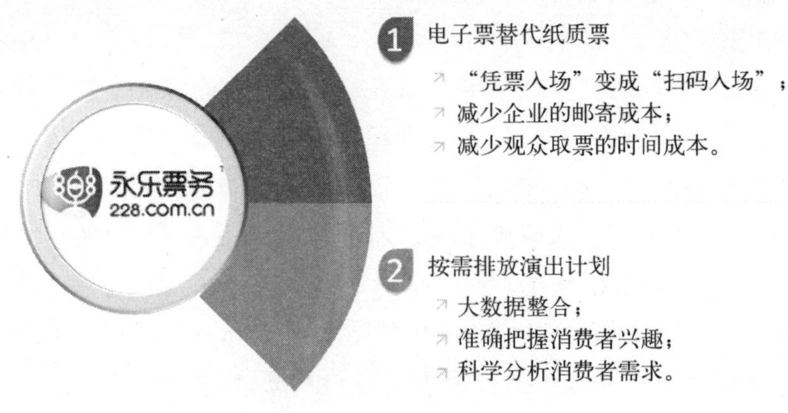

图 50　永乐票务的两个革新

积极的社会环境和行业环境为企业发展提供了一片肥沃的土壤，文化产业的落后只是暂时的。习近平在 2014 年 10 月主持召开的文艺工作座谈会中为文艺事业指出了方向："文艺是时代前进的号角，最能代表一个时代的风貌，最能引领一个时代的风气……坚持以人民为中心的创作导向，努力创作更多无愧于时代的优秀作品，弘扬中国精神、凝聚中国力量。"在更高的要求下，企业需要加强自己的人才储备和创新能力，真正创造出具有高质量创意文化知识型精神产品，积极探索出一条现代化的文化、体育和娱乐产业之路。

危机者

调查结果显示，民营企业各行业总体指标表现最差的是以传统的住宿餐饮业、旅游业、交通运输、仓储及邮政业等为代表的传统生活服务业和房地产业。其中，传统服务业 65.81 分，房地产业 65.29 分，在所有行业中处于最后两名。这些行业中企业的生存环境正在变得危机四伏，他们或因内部因素裹足不前，或因外部因素日渐难行。在某种程度上，传统生活服务业和房地产业都承载着人们的刚性需求，现在却很难有效地把这种需求转化为行业发展驱动力。我们将根据本次实际调研结果，尝试从不同角度为这些行业提供一些"诊断意见"(图 51)。

传统生活服务业：面临转型危机

一是粗放式管理严重制约行业发展。毫无疑问，这是一个偏于传统的行业，尤其表现在企业的管理上，很多企业经过多年的经营都已经形成了一套比较稳定的发展经营管理体系，但是各方面思路都相对传统的他们正在遭受越来越多的制约，而粗放的管理思路显然已难以适应现代社会日益增长的新要求。

首先，在给本企业管理模式创新能力的自我评分上(10 分制)，打出 8 分及以上的传统生活服务业企业家仅占 31.6%，这一比例明显低于全部行业平均水平(41.1%)，缺乏管理创新已经是很多企业家的共识。而产

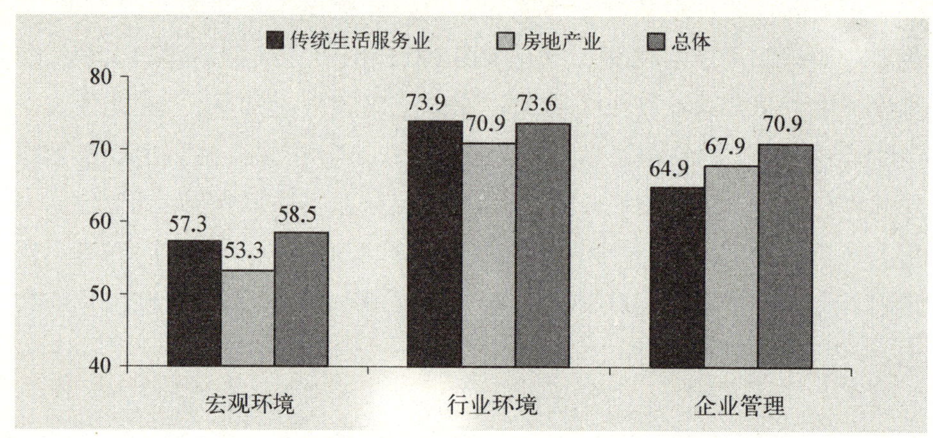

图 51　传统生活服务业、房地产业一级指标得分情况(百分制)

数据来源：上海新沪商联合会、零点研究咨询集团，“2015 中国民营企业发展指数”。

品/服务能力的创新情况更不容乐观，超过一半受访者为自己企业的产品/服务创新能力打出 8 分以上的高分，而本行业中有如此信心的人仅有 1/3 略多一点(图 52)。

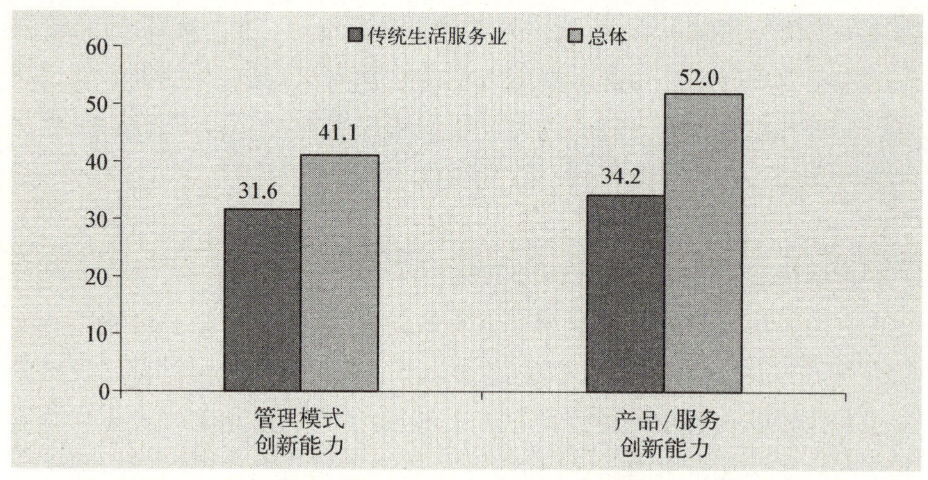

图 52　传统生活服务业中对自己企业评分超过 80 分的比例(%)

数据来源：上海新沪商联合会、零点研究咨询集团，“2015 中国民营企业发展指数”。

比如发展趋缓的传统经济型酒店已经受到具有创新精神的时尚酒店的冲击。我国第一家经济型酒店是 1996 年成立的锦江之星酒店，经济型酒店的发展尚不足 20 年，但就在这不长的发展时间中，它们高速疯狂扩张，业绩连年飙升。然而在 10 余年的高速发展之后，随着当前人力资源成本和房租物业等成本上涨、市场趋于饱和等问题的浮现，经济型酒店的发展情况开始呈现下行趋势。不少酒店已经意识到，仅靠规模扩张的传统思路已经适应不了现今的需求，转型升级已是当务之急。

在这种形势下，以桔子酒店为代表的具有设计感和时尚感的特色时尚酒店开始受到消费者和投资人的青睐。2012 年 7 月，桔子酒店获得凯雷投资旗下亚洲基金不低于 7 500 万美元的融资，而在之前的 2011 年，我国酒店行业甚至没有一笔融资完成。桔子酒店与传统经济型酒店的不同，在于其不同店内的不同艺术设计和更加注重用户体验，类似于国外的小精品酒店。桔子酒店创始人兼执行总裁吴海认为，桔子酒店之所以受到欢迎，在于它的创新："一切改变都是围绕着创新而发生的"，"任何企业在创新方面都是没有边界的。"

此外，在行业人力资源方面，超过两成的本行业受访者认为行业员工素质不及格，而在所有受访者中，持相同观点的仅有一成多。同样的趋势也出现在人员的稳定性上，在认为从业人员很不稳定的受访者比例上，本行业比总体水平高出 7.5%。

二是恶性竞争扰乱行业环境。传统生活服务业是一个高需求度的行业，它满足的更多的是人们实际的生活需要，诸如食物需要、交通需要、出游需要等，而这些需求永远不会消失。本行业受访者中有 81.6%的人认为行业开放度高、84.2%的人认为行业有活力、92.1%的人认为行业竞争激烈，均高于全部行业总体水平(77.8%、80%和 89.4%)(图 53)。

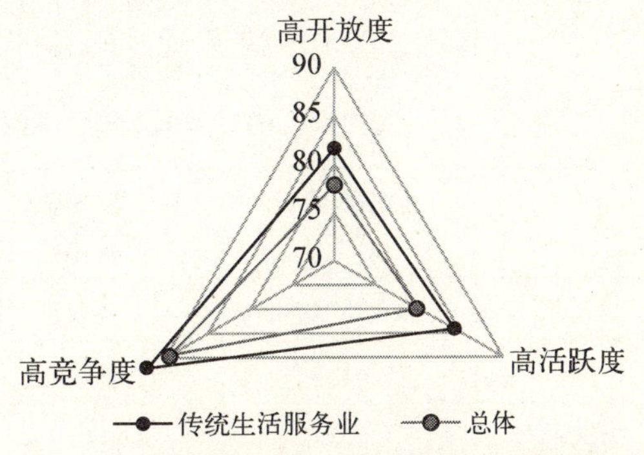

图 53 传统生活服务业开放度高、竞争度高、活跃度高的认同度(%)

数据来源：上海新沪商联合会、零点研究咨询集团，"2015 中国民营企业发展指数"。

但是好的市场并不一定带来好的产业发展。本行业受访者中，认同"公司所在行业协会会对公司发展有所帮助"的比例为 28.9%，远低于总体的 38.4%。应当看到，这一具有相当历史积淀的传统行业其实拥有名目繁多的行业协会，但是它们并没有给企业带来应有的帮助。

此外，本行业内认同"公司所在行业集群程度高，有利于公司吸引客源，完善上下游服务、降低成本"的仅占 42.1%，同样远低于总体的 55.6%。"有人的地方就有服务"，服务业的这一特性使得它们并不一定需要像制造业那样通过高集群化来吸引客户，但是一盘散沙式的分布形态却为企业间的恶性竞争提供了温床，尤其是价格战使得其服务质量难以提升，企业成本也越来越大。

以近年来与繁荣的电商比翼齐飞的快递业为例，国家邮政局 2014 年 11 月发布的统计数据称，2014 年前三季度，全国快递服务企业业务量累计完成 93.9 亿件，同比增长 52%；业务收入累计完成 1 409.9 亿元，同比增长 41.6%。从数据来看，快递业的快速发展是毋庸置疑的，然而这种繁荣是"真繁荣"还是"虚假繁荣"值得怀疑。翻看近 4 年的官方统计数据，在业务量大幅增长的背后，是收入增速的逐年降低。而用总收入除以总业务量得出的快递平均单价可以清晰地看到，一件快递的平均单价在最近 4 年经历了大幅下降，从而导致服务质量得不到保障。国家邮政局数据显示，2013 年共受理快递业务有效申诉 19.6 万件，同比增长 42.7%。其中，快件延误占比最高，高达 55.8%，投递服务紧随其后，为 22.1%。2011—2014 年快递行业的总体发展情况见表 10、图 53)。

表 10　2011—2014 年快递行业的总体发展情况

年　份	业务量累计（亿件）	业务收入累计（亿元）	单件业务平均价格(元/件)	单价同比增长率
2014	125.1	1 879.3	15.01	−10.07%
2013	91.9	1 441.7	16.69	−10.03%
2012	56.9	1 055.3	18.55	−10.17%
2011	36.7	758	20.65	−15.9%

数据来源：国家邮政局。

注：本文成稿时，2014 年数据尚未全部发布，项目组根据前三季度数据进行了估算。

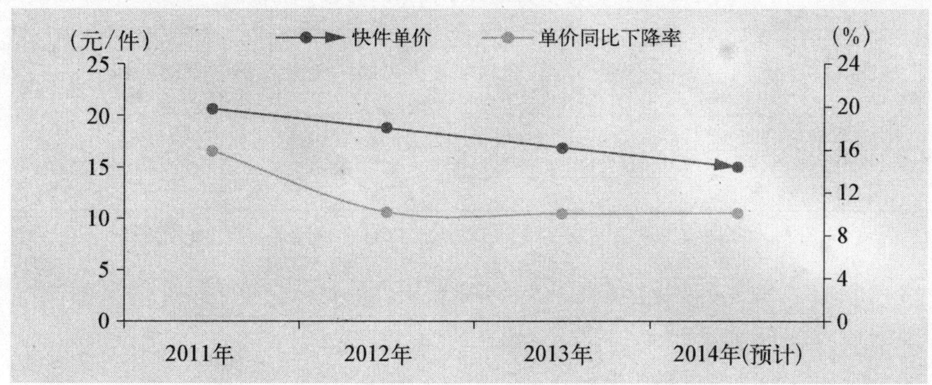

图 54　2011—2014 年快递行业的单价变化情况

数据来源：国家邮政局。
注：本文成稿时，2014 年数据尚未全部发布，项目组根据前三季度数据进行了估算。

中国快递咨询网首席顾问徐勇曾经通过媒体表示："低成本、同质化竞争必然导致价格战和低水平服务。快递业增长模式到了该转变的时刻了。"对于传统服务业来讲这一情况并不是个例，在市场需求旺盛的情况下，如何通过避免恶性竞争来净化行业环境值得所有业内人士共同考虑。

在这种情况下，延长服务半径，"去中介化"方是明智之举。与人便利是服务的价值所在，很多传统的生活服务业对此的理解还仅仅是：企业生产服务性产品，然后消费者在自身需求的驱动下通过各种各样的中间媒介最终接触该服务产品。而随着信息技术的大潮，网购、自媒体、互联网金融等正在改变所有人的生活方式。越来越"懒"是他们的共性，他们对便捷性的要求远远高于以往任一时期。

消费者需求的升级也对传统服务业造成了一定冲击，数据显示，68.4％的从业者认为生活方式的变革对本行业发展是有利的，低于全部行业总体水平近 10 个百分点（76.5％）（表 11）。其实，新生活方式带来的新需求本应成为传统服务业新的增长点，但现在却成为很多企业主眼中的不利因素。

传统的从业者需要跳出过往发展经验，深刻理解社会变化趋势。在面对消费者时，把着力点从"请进来"转变为"走出去"，通过创新主动延长

表11　生活方式变革对传统生活服务业企业的影响(%)

比较项目	非常有利	比较有利	没有影响	不太有利	非常不利	拒答/说不清
传统生活服务业	36.8	31.6	10.5	10.5	7.9	2.6
总　体	39.1	37.4	7.9	7.6	2	6

数据来源：上海新沪商联合会、零点研究咨询集团，“2015中国民营企业发展指数”。

自己的服务半径，弱化中间媒介的作用，以“去中介化”的方式将服务产品直接送达消费者。

值得肯定的是，已经有很多从业者在积极探索寻求改变，这样的变化已经渐渐萌芽。去年秋季，北京在全国率先出现了“定制公交”。定制公交是根据小区居民自己的出行需求量身定做的从小区到单位，从单位到小区的一站直达式班车。它直接连接具体的小区和单位，省去了居民中途换乘甚至走路找站牌的烦恼。目前，天津、成都、济南和哈尔滨等城市也陆续出现了定制公交服务。而对于物流业来讲，“最后一公里”是实现送货“门到门”的关键点和难点，如何在方便的时间把货物送达对于客户来讲最方便的地点是一大挑战。比如顺风速递在2013年开始在全国范围内出现的“嘿店”，它是依托小区而存在的便利店，家中无人收货的客户不用担心了，因为“嘿店”提供了寄存功能，客户可以随时来取，这样的解决方案是令大部分人感到满意的。

总体来说，我国的传统生活服务业正处于转型期的阵痛中，他们最大的问题就是落后的企业管理模式无法满足现代服务理念的诉求。李克强总理在2014年说过：“我们的许多产品已经严重过剩了，但服务业的供给还是短缺的。”巨大的市场需求能够带动产业的升级，传统服务业向现代服务业的发展不可逆转，而那些转型成功的企业将顺利渡过危机。

房地产业：宏观调控下的起起落落

房地产业是一个特殊的行业，它的发展状况牵动着几乎所有人的神经，更与国民经济甚至政治密切联系。它有辉煌的过去，21世纪前10年被公认为房地产业的“黄金十年”。然而,如今繁华似已褪去,2014 年其热度更是大降。

在计划经济时期,住房从来不被当作商品看待,它是单位提供的一项福利。改革开放后,逐步走向商品经济的房地产业在 20 世纪 80 年代末、90 年代初迎来了第一次起落。1988 年海南成为中国第 31 个省级行政区。这个位于“天涯海角”的省份迅速吸引了来自全国各地的“淘金者”。《中国房地产市场年鉴(1996)》数据显示,1991 年海南省商品房平均价格是 1 400 元/平方米,1992 年涨至 5 000 元/平方米,1993 年更是达到了惊人的 7 500 元/平方米,3 年之间房价增幅超过 5 倍。1993 年 6 月,国务院发布《关于当前经济情况和加强宏观调控意见》,共出台了 16 条针对房地产业过热的整顿措施,海南省房地产泡沫随之破裂,刚刚经过初步发展的房地产业遭受重创。

重新整装出发的房地产业在随后 20 年里经历了其他行业少见的跌宕起伏,政策的变化反映了房地产市场的变化:发展太慢影响经济,政府会施以援手;发展太快则引发投机投资使房价过快增长,政府将通过宏观调控达到稳定房价的目的。经过梳理,我们认为大致可以将房地产业近年的发展分为下列五个阶段:

第一阶段:1998—2002 年,政府支持,行业快速发展

在 1998 年,国家住房制度开始改革,成为房地产业历史上的重要转折。住房分配制度的停止改变了人们的住房消费观念,住房的商品化迅速释放了人们的住房需求,国家也认识到房地产业对于经济的重要作用,采取了推进住宅建设的政策。此后几年,房地产业终于迎来了真正的春天。国家统计局数据显示,1998—2002 年,我国商品房销售面积年均增速为 24.4%,而同期国内生产总值年均增速仅 7.7%,城镇居民人均可支配收入增速为 8.2%。

第二阶段:2003—2008 年 9 月,发展过快,政府开始宏观调控

从 2003 年开始到 2008 年 9 月,房价持续上涨,很多人开始把房地产作为一种投资,而这又反过来推动了房价的上涨。政府在此阶段频频进行宏观调控,在经济政策上,主要以上调存款准备金、上调银行房贷基准

利率和上调二套房首付最低比例及贷款利率为主;在政策上,频频出台稳定房价的调控政策,其中 2005 年 3 月的“国八条”是第一次将宏观调控上升到政治高度。

第三阶段:2008 年 9 月—2009 年 10 月,金融危机,政府“救市”

2008 年 9 月,美国爆发的金融危机席卷全球,国内经济出现下行趋势,商品房销售面积在这一年下降了 14.7%。国家宏观调控的态度在这一背景下也出现了转变。2008 年 9 月,央行宣布降低贷款基准利率和存款准备金率,并且年内 3 次下调贷款利率;11 月,国务院出台“国十条”,宣布扩大内需、促进经济平稳较快增长的 10 项措施,共计进行投资 4 万亿元,被外界称为“四万亿计划”,其中投于保障性住房的资金约 4 000 亿元。地方政府也相继自主出台了很多救市政策。这次大力度的救市行动很快产生了效果,该年商品房销售面积出现了 43.6%的高增速,全国房价快速飙升,尤其是东部沿海发达城市。

第四阶段:2009 年 10 月—2011 年 11 月,房价继续飙升,调控力度空前

2009 年下半年开始,快速升温的房地产市场又迎来了新一轮的宏观调控。2009 年 10 月—2011 年 11 月两年间,政府频繁出台各项政策抑制房产投机,其中被称为“史上最严厉的宏观调控”的“国十条”在 2010 年 4 月出台。同月,北京开始施行“限购”政策,此后其他城市也纷纷效仿,共有 47 个城市宣布“限购”。2011 年 1 月,上海、重庆成为我国房产税征收的试点城市。

第五阶段:2011 年 11 月至今,市场在波动中下行

房市“黄金十年”已成为过去,很多城市的房价已经涨到普通民众所能承受的极限,加上之前严厉的调控措施,房市开始出现波动。由于之前的调控,2011 年与 2012 年商品房销售面积仅仅增长 4.4%和 1.8%。此时,货币政策开始变得宽松,2011 年 11 月,央行 3 年首次下调存款准备金率,此后 1 年又连续下调 2 次;2012 年 6 月,3 年首次下调贷款基本利率,同年连续 3 次下调贷款利率。宽松的货币政策使 2013 年房市有所好转,商品房销售面积增长了 17.3%。经过近几年的波动,投机投资者对

房市的信心已消磨殆尽，统计公告显示，2014 年 1—10 月商品房销售面积同比下降 7.8%，是除了受金融危机影响的 2008 年外销售面积下降幅度最大的一年。在此背景下，截至 2014 年 9 月，全国 47 个限购城市已经有 41 个城市“限购松绑”，仅剩北京、上海、广州、深圳 4 个一线城市和珠海、三亚还在坚持“限购”。2008 年的难关在“四万亿计划”的帮助下顺利渡过，而在 2014 年各城市纷纷“限购松绑”后房地产的形势还依然严峻（图 55、图 56）。

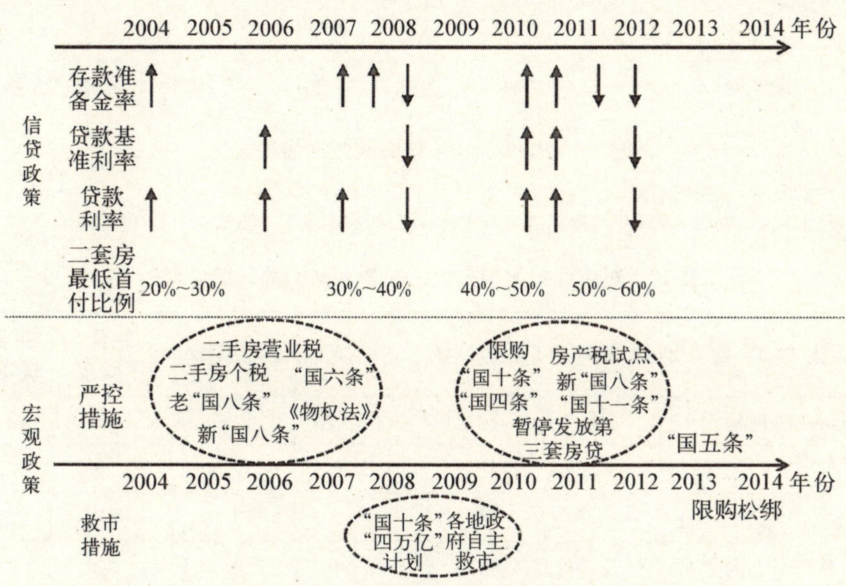

图 55　近 10 年来的主要政策梳理

注：向上箭头代表上调，向下箭头代表下调。

当被问到宏观政策对企业的影响如何时，高达 72%的房地产业企业主认为是不利的，远远高出全部行业总体水平（49%）。政策的不利也影响到他们对待政府的态度，同意“在过去一年中，政府对民营企业的服务意识有所提升”的有 44%，远低于总体情况 57.6%。在资金使用方面，其融资能力和盈利能力也不足，仅 28%和 56%的受访者认为本企业的融资能力和盈利能力强，比总体水平分别低出 13.7 和 14.8 个百分点（表 12）。

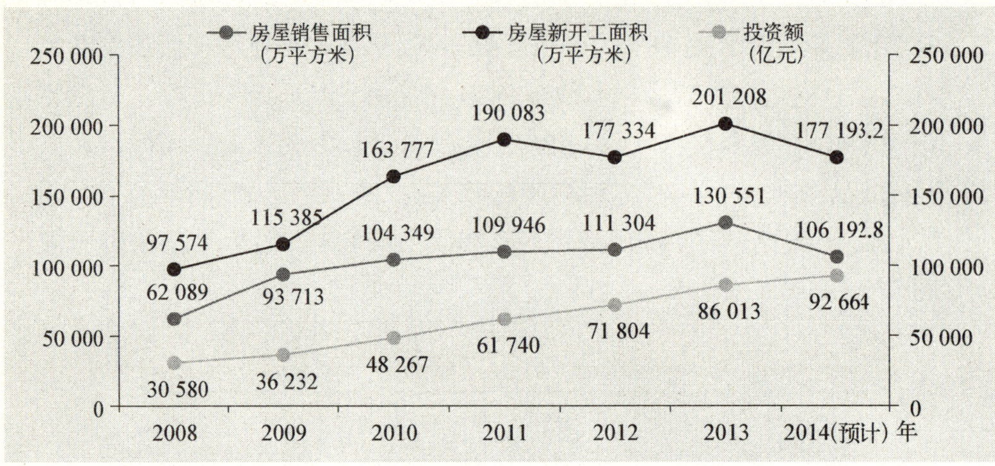

图 56　2008—2014 年房地产市场的变化

数据来源：国家统计局。
注：本文成稿时，2014 年数据尚未全部发布，项目组根据前三季度数据进行了估算。

表 12　对企业较好融资能力和盈利能力的认同度(%)

比较项目		非常同意	比较同意	一般	不太同意	完全不同意	拒答/说不清
融资能力强	房地产业	8	20	0	44	16	12
	总体	9.6	32.1	0	31.5	11.6	15.2
盈利能力强	房地产业	4	52	0	40	4	0
	总体	22.8	48	0	19.9	4.6	4.6

数据来源：上海新沪商联合会、零点研究咨询集团，“2015 中国民营企业发展指数”。

对于企业主而言，宏观环境的好坏是无法控制的，但是企业管理是可控的。然而，房地产业在这方面的表现也低于平均水平。前几年的飞速发展的确使一批人获得了巨大的财富，但是企业管理更新换代的速度远远落后于财富积累的速度。在给员工素质及人才结构打分时(10 分制)，28%的企业给出了不到 6 分，这一比例远超过其他行业(总体仅13.7%)；从对企业人员稳定性的评分(10 分制)来看，仅四成受访者给出了 8 分及以上，低于全部行业平均水平(五成)。人才的缺乏与高流动是房地产业的重要特征之一，在很多房产经纪企业的领导人看来，房地产交易不需要太高的知识和学历要求，反过来，一些拥有高学历的人才，也不想踏入该行业。在这种状况下，消费者对于房地产业工作人员的抱怨似乎从未停止，服务质量是长期遭受诟病的主要方面。

值得肯定的是，在企业社会责任方面，房地产业走在了前列。超过七成受访者认为自己企业的公益慈善活动受到了社会认可，超出总体水平10个百分点(61.2%)。而在税收和国内生产总值的贡献度上，60%企业家认为得到了当地政府重视，亦远远高出总体水平(43%)(图57)。

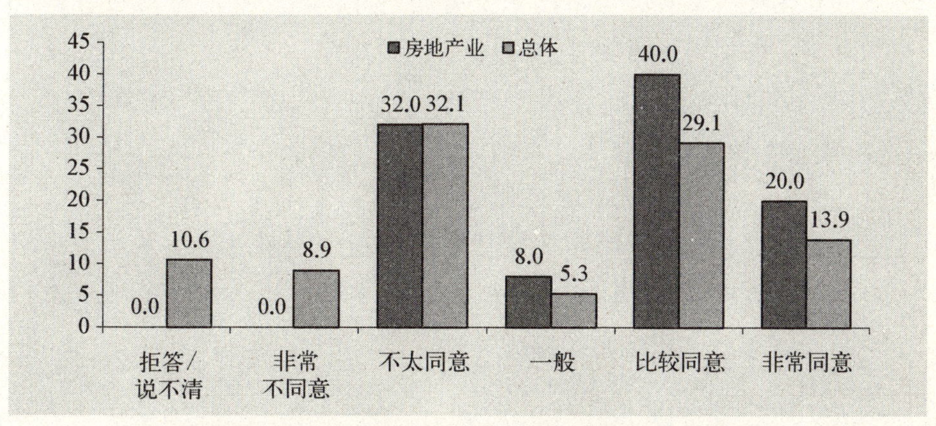

图57　企业财政贡献获得当地政府的重视的认同度(%)

数据来源：上海新沪商联合会、零点研究咨询集团，"2015中国民营企业发展指数"。

总之，房地产业在很长一段时间内都是我国的支柱产业之一，但是因发展过热导致了各种各样的问题。在宏观环境和企业管理都对行业发展有消极影响的情况下，寻求转型突破才是走出危机的正确做法。首创集团董事长刘晓光曾经说过："转型是必然，不转型就没有前途。放弃应该颠覆旧有的思维模式，多研究产业之间的融合，尤其是如何实现城市运营，光傻盖房子是没用的。"

见时知几

求发展的步伐必然与改革紧密相连，而创新，是改革路上当仁不让的利器。2014年的民营经济总体继续保持了持续上升的发展态势，全国市场主体数量稳步增长。经济结构调整的趋势仍在继续，民营企业的发展仍然是在创新与变革的路上寻找机遇。

“见时知几”指的是看到时运的推移而预知事情变化的先兆。本章希望通过对新兴行业的创新思路，以及对传统行业变革思维的梳理，并借助于一些典型的成功案例，探寻在现有经济环境下中国民营企业未来发展的大致脉络与方向。

弯道超车是竞技获胜的唯一机会

曲线创新

在日常生活中，弯道和路口超车是被绝对禁止的，然而在竞技赛车当中，跑车的马力基本相差无几，速度都是风驰电掣、高速运转，直道超车几乎不可能，因此，弯道超车，几乎是竞技赛场上实现超车的唯一机会。

现阶段，民营企业面临的正是这样一种竞技状态。他们一方面在战术战略上绕开强敌；另一方面在技术技巧上苦练内功，最终形成了一种独特的“弯道超车”式的曲线创新。

面对规模庞大且居于强势地位的国营企业，民营企业的创新首先体现于与国营企业避开，不冲击国营企业的核心业务，有效提升民营企业的生存空间。民营企业往往在竞争领域上选取那些国营企业不涉及或很少涉及的，同时巧妙避开需要高投入的行业，因为融资难一直是民营企业的难题。

在对内的自身探索上，民营企业的创新表现在充分发挥自身优势，与国营企业相比，民营企业对创新的饥渴度远胜于国营企业。首先，民营企业在人力资源上更侧重能者上位；其次，民营企业自身的轻便灵活性确保了创新的有利氛围，与国营企业相比，民营企业经营负担相对较小，且无需烦琐的上报、审批等机制，在对新事物的快速反应上有效率优势。

近代信息技术发展的一大成果就是，越来越多的人和事物能够快速准确地形成连接。这迅速催化了各行业的发展进程，尤其是以连接作为灵魂的服务行业。由此，一个崭新的服务领域——高端服务业，破茧而生。其中，有些行业为信息化生产和信息化生活提供技术性和知识性等新型服务，比如高端金融(证券、基金等)、高端中介服务(评估、法律等)、高端文化产业(高端影视、创意设计等)、高端教育培训(职业教育、特殊教育等)、高端信息服务业(移动通讯、网络信息)等；还有一些行业看似是提供传统服务的内容，但是其基于信息技术和现代管理理念之上的服务程度已经远远超出了传统服务业的期待，比如高端旅游、高端物流、高端房地产和高端绿色餐饮等。

在这些新兴行业中，以互联网行业为代表的IT类高端服务业已经成为中国现代商业中最不可忽视的力量之一。根据中国互联网络信息中心(CNNIC)发布的调查报告，截至2013年12月，我国网民规模达到6.18亿人，互联网普及率为45.8%。作为世界上网民人口规模最大的国家，信息技术的革命正在不可逆转地改变人们的生活。

2014年10月最新出炉的福布斯中国富豪榜上，前三甲史无前例地均被互联网企业家所垄断，分别是阿里巴巴的马云、百度的李彦宏和腾讯的马化腾。而近几年福布斯中国富豪榜单前三名所属行业的变化趋势，更从侧面印证了我国IT服务业尤其是互联网行业的迅猛发展。2009年，三名上榜企业家均来自制造业；2010年和2011年，两名来自制造业，一名来自互联网行业；2012年和2013年，三名企业家分别来自制造业、房地产业和互联网行业；2014年，则全部来自互联网行业(表13)。

表 13　2009—2014 年福布斯中国富豪榜前三名名单及其所属品牌

年　份	第一名	第二名	第三名
2009	王传福(比亚迪)	刘永行(东方希望)	宗庆后(娃哈哈)
2010	宗庆后(娃哈哈)	李彦宏(百度)	梁稳根(三一集团)
2011	梁稳根(三一集团)	李彦宏(百度)	刘永行(东方希望)
2012	宗庆后(娃哈哈)	李彦宏(百度)	王健林(万达集团)
2013	王健林(万达集团)	宗庆后(娃哈哈)	李彦宏(百度)
2014	马　云(阿里巴巴)	李彦宏(百度)	马化腾(腾讯)

由互联网带来的全方位创新在日益改变人们的生活，近几年方兴未艾的移动互联网的发展更成燎原之势，他们带来了很多前所未有的体验。

传统行业的互联网化。互联网的重要作用之一就是尽量减少信息的不对称，提高信息交流的效率。任何行业都需要信息交流，信息交流越方便，企业发展越进步，这是任何行业都需要引入互联网的重要因素之一。此外，互联网挖掘数据、分析数据的能力也是任何行业都无法拒绝的。

体验式、交互式的模式创新。互联网思维的核心是用户体验，让用户在体验中获得情感价值，从而提高企业成绩。比如深受年轻消费者喜爱的"很久以前"烤串店，总经理直接管辖两个部门——用户体验服务部和用户体验设计部，由此可见其对用户体验的重视。交互与体验紧密联系，很多企业让用户通过交互的方式直接参与产品的设计，最典型的当属小米手机，它通过这种方法在短时间内聚集起一大批粉丝，既在产品上迎合了消费者需求又在感情上俘获了他们的心，自然也就成功聚集起一大批买家。

消费习惯的改变。网上购物的兴起和网上支付的普及是最能代表这一变化的两件事情。电子商务在近年的快速发展彻底改变了人们的购物习惯，这种足不出户的购物方式为人们节省了大量时间和精力。网上支付随之相伴而生，最终将触角延伸至线上线下的各个角落。根据中国互联网络信息中心(CNNIC)于 2014 年 7 月发布的《第三十四次中国互联网络发展状况统计报告》统计数据，截至 2014 年 6 月，我国使用网上支付用户规模为 2.92 亿人，比 2013 年同期增加 4 800 万人，同比增长 19.67%；

网民渗透率 46.2%，同比增长 4.8%。手机支付用户规模达 2.05 亿人，比 2013 年同期增加 1.26 亿人，同比增长 163.63%；手机网民渗透率为 38.9%，同比增长 21.8%（图 58、图 59）。

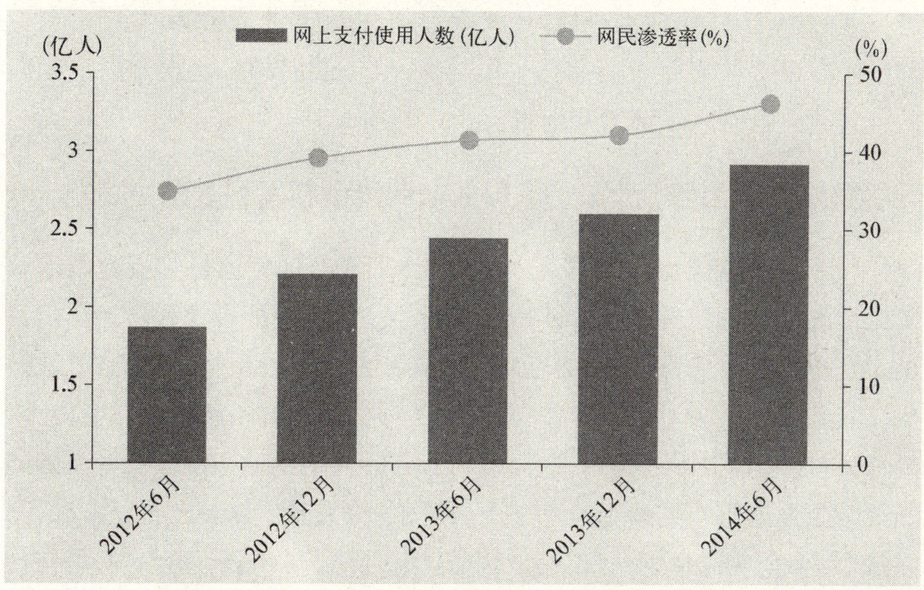

图 58　2012—2014 年网上支付使用人数及网民渗透率

数据来源：中国互联网络信息中心。

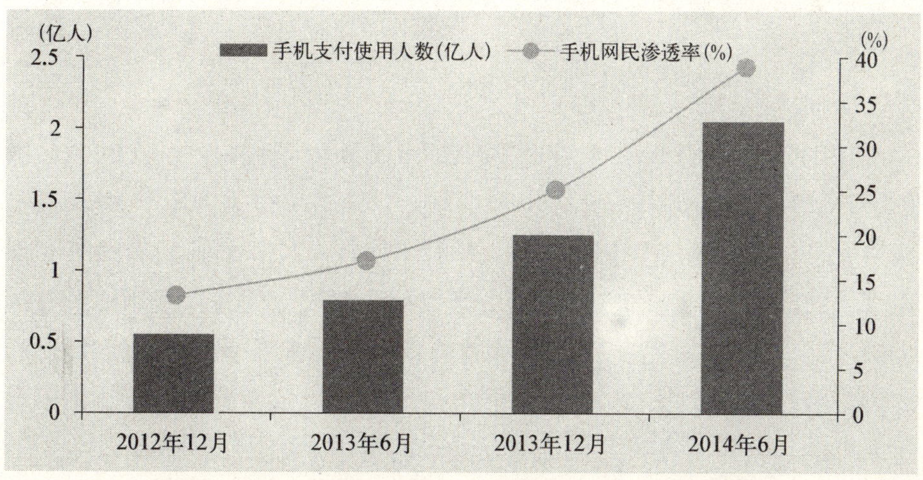

图 59　2012—2014 年手机支付使用人数及手机网民渗透率

数据来源：中国互联网络信息中心。

传统行业提供给人们的是生活需要品，解决的是基本需求，而这些新兴行业则着眼于如何让人们生活得更好更便捷，而当这些新事物新思维的触角涉及生活的方方面面之后，势必会侵犯原本波澜不惊的老行业。新行业的“新”，更体现在，尽管民营企业家在发展初期无法在资源、渠道和生产要素等各方面与国营企业相抗衡，但是他们却一次次用曲线创新的方式给自身带来了活力和生机。

“明修栈道，暗渡陈仓”——IT 行业的曲线创新发展之路

IT 行业从业者是信息技术革命的“施工者”，他们通过直接地技术革新为世界创造出前所未有的新事物和新产品。这些新事物和新产品的目的无一不是通过快速、准确的连接使人们能够更方便地生活、更高效地做事。其结果势必会对传统行业中那些“不够方便”和“不够高效”的行业形成冲击，而这其中不乏实力雄厚、市场稳定的大型企业。没有太多基础的新民营企业如果与这些企业产生正面竞争，将无异于以卵击石。所以，很多从事 IT 企业选择了一条“明修栈道，暗渡陈仓”的创新途径：避免与传统行业的大型企业进行正面交锋，而是先深耕一个看似与传统行业无关而仅仅提供服务价值的新鲜项目，等形成稳定的用户规模和企业基础时，再通过不断完善原产品或推出新产品，逐步跨领域地形成对传统生活习惯的替代。

例如微信与短信的竞争。

腾讯公司在 20 世纪末就进军即时通讯软件领域，发布了 OICQ（即 QQ），当时并没有太多人看好这个小企业。随着 QQ 在年轻人中获得了网络社交的巨大成功，登录 QQ 成为不少年轻人打开电脑后做的第一件事情。2010 年 3 月 5 日 19 时 52 分 58 秒，腾讯 QQ 同时在线用户数首次突破 1 亿，其业务范围更是覆盖了游戏、音乐、邮箱、浏览器等众多领域。此时，同在通讯领域的移动、联通和电信等移动运营商恐怕都没有意识到这家互联网公司将在日后成为自己最大的竞争对手。

近年以来，智能手机的出现与蹿红使腾讯等一大批互联网企业得以进入移动终端领域。2011 年 1 月 21 日，腾讯公司推出了一个为智能终

端提供即时通讯服务的免费应用程序——微信。截至目前,其用户注册量已经突破 6 亿,是亚洲地区最大用户群体的移动即时通讯软件。微信、QQ、微博等社交新媒介的出现使传统通信运营商的业务受到剧烈冲击。2014 年 10 月 20 日,中国移动发布的前三季度财务报表称,中国移动语音和短信、彩信业务持续下滑,其中短信使用量比上年同期下降 20.2%。工信部发布的《2014 年 9 月份通信业经济运行情况》也显示,2014 年 1—9 月,全国短信、彩信业务量持续下滑,其中移动短信业务量为 5 725.6 亿条,同比下降 17.9%;短信收入同比下降 14%,减少营业收入 65 亿元,占电信业务收入的比重由上年同期的 5.4%降至 4.6%。但是移动互联网的接入流量却保持高速增长,1—9 月,移动互联网接入流量达 13.99 亿 G,同比增长 57.2%。2013—2014 年第三季度全国移动短信业务量和移动互联网接入流量统计见图 60。

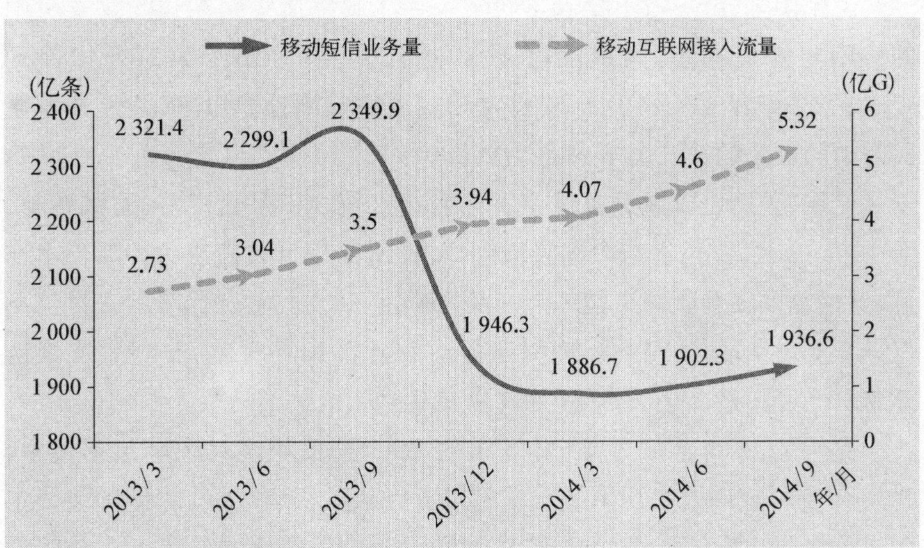

图 60　2013—2014 年第三季度全国移动短信业务量和移动互联网接入流量统计

数据来源：国家工信部。

显而易见,短信使用量的下滑,并非因为人们交流的需求在变少,而是由于人们的社交载体渐渐由传统的短信转向微信、QQ 等移动社交应用。

然而，腾讯似乎并不满足于此。2014 年 11 月 11 日，能免费打电话的微信电话本在“光棍节”横空出世，开始涉足运营商的传统语音通话业务。微信电话本甫一问世，即引起全国媒体的广泛关注。很多媒体报道称“这是腾讯推出微信后的又一款让运营商‘颤抖’的应用”，然而马化腾在接受采访时则回应：“现在看来，运营商很淡定，媒体很激动”。确实，微信对短信的胜利让大家对腾讯能否在语音通话服务领域和运营商们一较高下产生足够的期待。

出身草根的腾讯公司对我国传统运营商的语音和短信业务形成了足够的冲击。然而回顾过去，腾讯并没有一开始就摆出与移动运营商争夺市场的态势，而是从鲜有人涉及的网络即时通讯起步，不断靠近移动通信领域，最终取得了 QQ、微信的巨大成功。

又如支付宝与银行的优劣。

说到淘宝，就不得不提起支付宝。为了解决淘宝网在线购物支付中的信用与安全问题，阿里巴巴于 2003 年 10 月推出了第三方担保平台——支付宝。次年 12 月，支付宝正式从淘宝网独立出来，并逐渐发展成为中国最大的第三方支付平台。2008 年 10 月，支付宝公共事业缴费正式上线，居民可以通过支付宝直接缴纳水费、电费、煤气费、通讯费等。2010 年 12 月，支付宝与中国银行合作，推出信用卡快捷支付。2013 年 6 月，支付宝推出互联网金融理财产品余额宝，从支付业务起步的支付宝不仅具有支付功能，同时开始理财业务。截至 2013 年年底，支付宝实名认证用户已经超过 3 亿人，活跃用户更是达到 1.9 亿人。

支付宝 2014 年 1 月 13 日发布的 2013 全民年度对账单数据显示：2013 年支付宝用户人均网上支出超过万元大关，其移动端的支付宝钱包用户数量同比增长 547%，支付宝在移动端的表现更加强势。自余额宝上线后，短短半年间用户数量便达到 4 303 万人，户均持有额 4 307 元，总持有资金 1 853.3 亿元。

面对这种新兴的互联网金融模式，银行作为传统的金融机构正遭受着严峻的考验。央行数据显示，自 2013 年中段以来，我国金融机构人民币存款增长率越来越慢，呈下行趋势(图 61)。越来越多的人选择把钱放到互联网金融产品里产生增值，并以此替代部分银行存款及其他传统理财行为。与其他被互联网侵入的行业一样，虚拟市场正在蚕食实体经济的市场。

支付宝的兴起得益于支付方式的便捷性，它在初期只是一个存放资产的临时中转站，然而现在却在存储性上稳步增量，虽然现在的规模尚不足以与银行相抗衡，但是其上升势头已不可遏制。

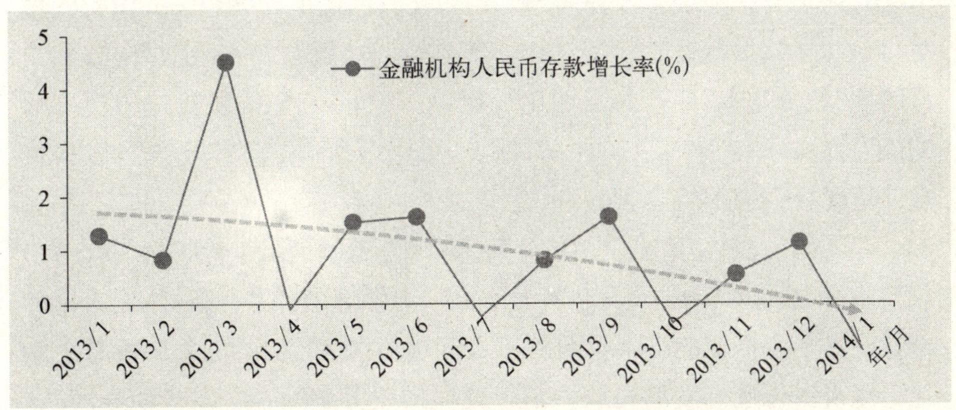

图61　2013年1月—2014年1月我国金融机构人民币存款增长率的变化情况

数据来源：中国人民银行。

“树上开花，借局布势”——非IT服务业的曲线创新发展之路

在非IT类行业中，服务业则是率先拥抱信息技术的行业群体，信息技术的精神本就是提供更好的服务，与服务业的宗旨不谋而合。他们中的一些会依托互联网平台，聚焦于市场中更为高端的细分领域，向内不断完善升级自身的服务能力，向外不断拓展有更深层次消费意愿的高端客户，最终完成在产业价值链上游的布局。

比如世界邦——出国自助游，做自由的旅行者。

“还在为了省心而放弃自由跟团吗？还在既想自助游又苦于没有时间做功课吗？决定了自助游后，还沉浸在海量游记里面苦苦寻找攻略吗？还在抱着大部头啃攻略指南左右为难吗？还在盯着看不懂的地图不知道定哪个位置的酒店而发愁吗？……让我们一起说，受够了！旅行本应有个快乐的开始！自助游世界，世界邦帮你成行。”打开世界邦网站，上面这段话就是它的开场白。

成立于2012年年底的世界邦是一个新兴的在线旅行服务商，与传统的出国旅行机构不同，它不提供已经确定好的旅行路线、行程安排和导游，而是提供可供客户选择的私人定制的自助服务。首先，世界邦在其出行目的地城市招募“旅游达人”（主要是当地学生及华人），他们熟悉当地情况并乐于分享和解答各种问题。用户在其网站上回答想去的国家和城市、行程时间、出行目的、酒店档次等需求信息，就会在48小时内收到由目的地“旅游达人”推荐的个性化行程单。此外，它还提供旅途中标准化的旅游商品，如机票、签证、住宿、保险、景点门票、租车等，用户可以根据自己情况自行搭配组合。

在人们，尤其是追求自由的年轻人，越来越不满足于传统旅行社的粗放型旅行方式，而自己又没有能力制定一个好的出境游行程时，世界邦的自选交易平台搭建的需求导向的私人定制和“旅游达人”的集体智慧无疑让出境自由行变得简单高效。基于这样的服务创新，在2013年年底，这个初创企业获得了近千万美元A轮融资。

再如自如友家——房产中介成为房东，标准化创新收获好评。

常年飙升的房价使“望房兴叹”的人们对房地产开发商和经纪公司痛恨不已，而房地产业从业者素质的良莠不齐也令房客与房地产经纪的冲突时有发生。国内的房地产业从业者基本难以获得人们的信任。

对于那些怀揣梦想来到陌生城市打拼的年轻人来讲，租房是他们要面临的第一个难题。除了少部分人能够凭自己幸运地找到合适的房源之外，相当一部分人需要借助于房产中介的资源。而对该行业的不信任感常常让这些年轻人内心忐忑，规模较大的房地产经纪公司尚不能完全取信于民，更别说随处可见的不知名的小中介了。

从2011年开始，北京的租客又多了一个新的选择，那就是链家地产推出的优质租房品牌——自如友家。它依托于链家地产的背景，拥有众多房源，将其统一装饰后通过自如网站进行出租。不管房源如何变化，经过自如友家改造后都会形成标准化的自如风格。租住自如友家的租客被统称为“自如客”。入住后，自如友家将一直提供售后服务(主要是免费维修和保洁)，使得自如客有一个无后顾之忧的居住环境。此外，自如客的目标群体是有稳定工作的年轻人，在租住前需要提供工作证明，这样有效降低了“自如客”遇见“奇怪室友”的概率。

链家地产在与其竞争对手的竞争中，并没有采用“压价”和“抢客”等业内常见的方法，而是通过创新标准化产品和售后服务赢得了客户，为企业提供了新的盈利点。尤其是在其竞争对手也都是民营企业的前提下，链家自如友家能够突出重围、成功树立品牌显得更加难能可贵。

曲线上市

2014 年可谓国内企业“扎堆”上市的一年，开启了继 1999 年以来的第五波国内企业上市潮。据清科研究中心统计，2014 年前三季度，共有 153 家国内企业在境内外资本市场上市，其中 81 家在境内市场上市，72 家中国企业远赴海外上市(图 62)，共计融资 47 328 百万美元。纷纷加入

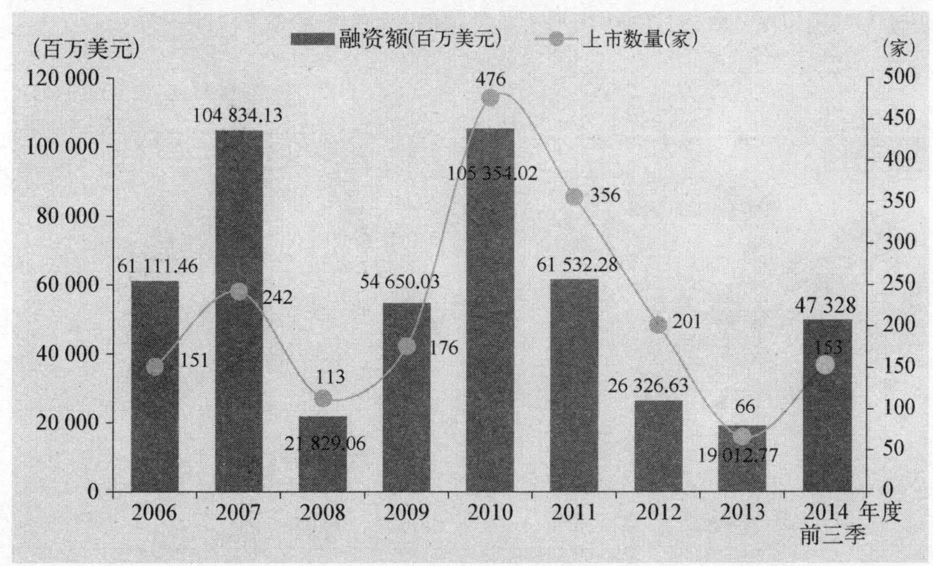

图 62　2006—2014 年 9 月中国企业境内外 IPO(公开募股)统计

数据来源：清科研究中心，《2013 年中国企业上市年度研究报告》。

上市行列的中国互联网巨头更是成了大家一致关注的焦点，京东商城、阿里巴巴、新浪微博，他们的上市吸引着所有投资者的注意力。

中国最大的自营式电商“京东”于北京时间 2014 年 5 月 22 日 21 时 30 分在纳斯达克挂牌上市，以每股 19 美元的价格，首次公开发行 9 368.56 万股美国存托股票（ADS），募资总额 17.8 亿美金，成为市值仅次于腾讯和百度，排名第三的中国互联网公司，开启了国内电商竞争的新时代。

阿里巴巴则紧随其后，美国东部时间 2014 年 9 月 19 日上午 9 时 30 分，阿里巴巴集团股票在纽约证券交易所正式挂牌上市交易，成为全球资本市场的焦点，高达 217.67 亿美元的融资额度刷新了美国公开募股融资最高纪录，融资规模占比 80.9%，高居融资规模排行榜首位。

上市后企业得到的丰厚回报对企业有着巨大的吸引力。上市对企业利润状况的影响值得我们关注，与前一年相比，85.7%的上市企业利润均有所增长，在未上市企业中，这一比例仅为 55.2%，而且 42.9%的上市企业进一步表示企业年度“利润非常可观”，与未上市企业中 9.7%的企业表示年度“利润非常可观”相比，两者差距不可谓不悬殊（图 63）。

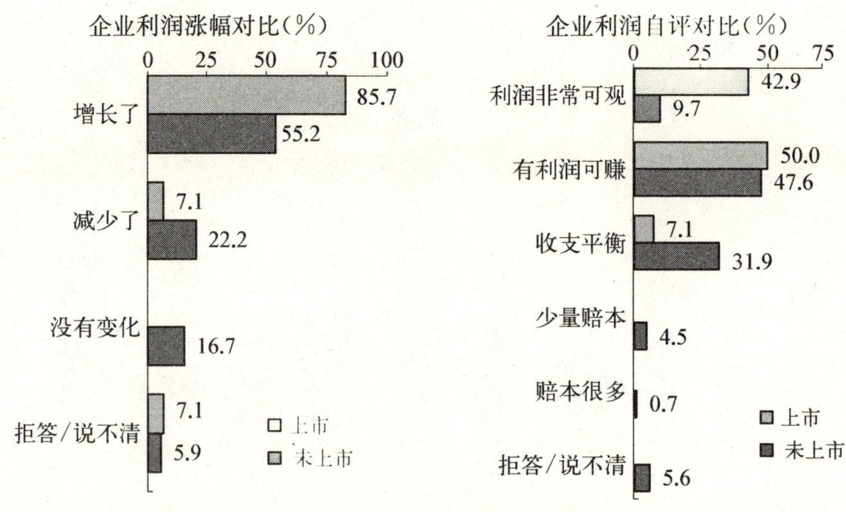

图 63　上市与未上市企业利润情况对比

数据来源：上海新沪商联合会、零点研究咨询集团，“2015 中国民营企业发展指数”。

除了上市后可观的经济收益外，企业自身的运营环境也得到了相应的改善，数据显示，相较未上市企业，上市企业管理者对企业的人事状况、管理模式、创新能力等方面都表现出了更高满意度(图 64)。

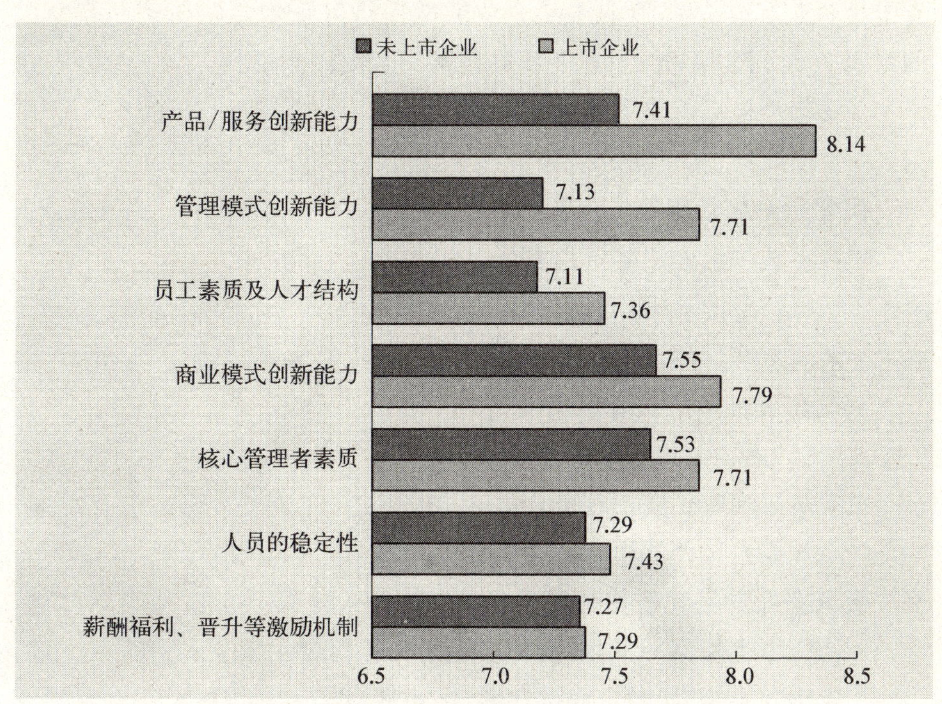

图 64　企业运营环境满意度得分对比(10 分制)

数据来源：上海新沪商联合会、零点研究咨询集团，“2015 中国民营企业发展指数”。

众多企业选择加入上市热潮的背后是国内民营企业面临的融资困境。有 43.1%的民营企业管理者表示企业的融资需求没有得到满足；有 55.7%表示获得银行贷款比较困难；更有 61.9%的民营企业管理者表示民营企业与国有企业相比在融资问题上受到了非常不平等的对待。“新华视点”记者据金融数据终端万得资讯统计发现，对 A 股上市公司的 323 亿元政府补贴中，61.64%流向国有企业；2014 年前三季度中，“中石油”获得补贴 21.99 亿元，“中石化”获得补贴 15.94 亿元，兴业银行、中信银行分别获得补贴 3.22 亿元、5 800 万元。如下文所分析，现有融资渠道无法满足民营企业发展所需，上市成为它们最热衷的选择。

民营企业向银行贷款现状

➚ 偏向国有企业，82.8%的民营企业表示受到不公平待遇，浙江省社会科学院最新发布的《浙江蓝皮书：2014年浙江发展报告》显示，占这个省中小企业98%的制造业中小企业能从银行等正规金融机构获得贷款的仅占10%；有80%以上只能依靠自筹资金或民间借贷。

➚ 没有符合银行要求的担保、抵押品。

➚ 手续烦琐；需到期及时还贷；风险较大。

民营企业向众筹融资现状

➚ 容易被扣上非法集资的帽子。

➚ 好项目不敢众筹，容易被“山寨”。

➚ 国内整体信用环境较差。

民营企业向风险投资融资现状

➚ 资金力量薄弱，后期供给不足。

➚ 规避风险时无法实现资金的转移与撤退。

➚ 没有能力设计高风险、高回报的项目。

民营企业向民间借贷融资现状

➚ 借贷组织经营不正规，借贷组织本身经营存在风险。

➚ 借贷利率较高，融资成本较高，据西南财经大学中国家庭金融调查与研究中心发布的报告，2013年民间有息借出资金规模7 500亿元，平均利率36.2%。

民营企业上市现状

➚ 只需要支付上市、发行股票的信息费用和中介费用，融资成本较低。

➚ 不需要偿还本金、支付利息，风险相对较小。

综上所述，间接的融资渠道无法满足民营企业的发展需求，众筹、风险投资、民间借贷等其他融资方式又存在很多弊端，而企业上市可以以较低的成本得到企业发展所需的资金支持，并且企业的运营管理水平也可以得到进一步提高，上市企业的乐观前景对民营企业有着强烈的吸引力。由此民营企业上市热潮的出现也就不难理解了。

2014 年的企业上市潮也可以说是国内企业的海外上市潮，民营企业在选择上市的时候，目的地选择了海外，在国内证券市场上市将要面临的种种障碍，使得国内民营企业不得不走上“出走”这条路。

首先，中国证监会要求在内地上市的公司其主体必须在中国内地，A 股还没有对外资企业开放，这一硬性条件就使得公司主体注册于开曼的阿里巴巴完全失去了在内地上市的可能性；也使得内地的许多优秀企业丧失了这个机会。

其次，国内上市有着较高的门槛，连续 3 年盈利的要求对很多企业来说是一大障碍，京东商城的刘强东就曾表示这一门槛“高不可攀”。

再次，内地主板上市要求企业具有稳定的股权结构，将具有双重股权结构的公司拒于门外，而现在新兴的互联网企业中双重股权结构已极为普遍，阿里巴巴正是因为其双重股权结构而不得不放弃国内上市，最终转战美国。华为首席财务官孟晚舟也曾表示：“华为(在国内)上市存在天然障碍，中国相关法规规定上市公司最多只能有 200 个股东，但是华为有超过 6 万员工持股。”

最后，内地上市所需的较长时间成本也是追求快速发展的民营企业所不愿承受的。抛开长达一年的上市辅导期不算，还要经历从发行申请到核准的长时间排队，以及复杂的审批程序等，提高了企业上市的隐形成本，对于“时间就是金钱”的新兴企业来说，这也是他们不想去跨的门槛。

据清科研究中心统计，2014 年前三季度，共有 72 家中国企业远赴境外上市，上半年中国企业在境外上市的共 47 家，融资额度合计 100.77 亿美元，其中在中国香港主板上市的企业共有 35 家，融资额度占总体额度的 68.5%；第三季度因为阿里巴巴的加入，合计融资 273.78 亿美元(图 65)。

对企业自身来讲，境外上市最重要的影响是扩大了企业的融资渠道，得到了国内资本市场无法给予的企业发展所需资金，阿里巴巴高达 217.67 亿美元的融资额度足以让国内市场跌破眼镜，巨额资金的注入成为企业发展的强大后盾。

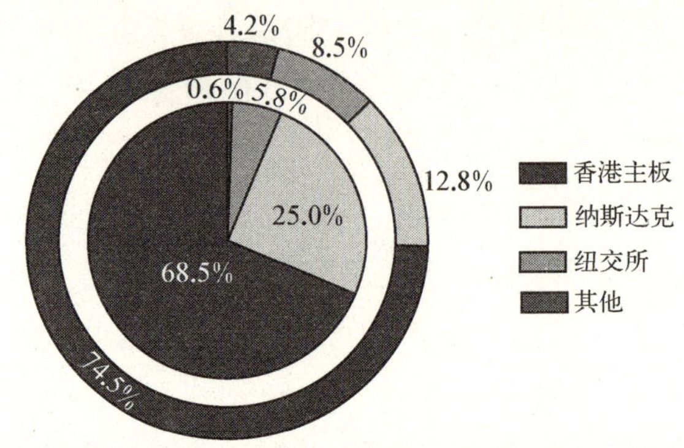

图 65　2014 年上半年中国企业海外公开募股市场统计

数据来源：清科研究中心，《2014 年第二季度中国企业上市研究报告》。
注：内圈为上市企业融资比例；外圈为上市企业数量比例。

就企业营运来说，境外上市这一过程本身对企业来说就是一个巨大转变，上市过程中，境外相关机构的介入给企业内部带来的各个层面的重组和调整对企业治理结构的规范化是一个巨大促进，上市后境外股东的加入会为企业带来更多境外先进的经营理念，优化企业管理制度，促使境内企业更好地与国际接轨。

境外上市另外为企业带来的一个附加效益就是知名度的提高，阿里巴巴上市的轰动效应使得全世界都知道了中国有一个“BABA”。

当然这不会是一个“空手套白狼”的过程，上市前的重组和调整是需要资金支持的，在境外上市的直接成本也远高于在境内上市，而且其后的一系列维护费用，保荐人顾问、法律顾问、会计师等费用，境外也都要高于境内（表 14）。

表 14　境内外上市成本及维持费用比较

费用类别	中小企业板/创业板（人民币）	香港主板（港元）	香港创业板（港元）	纽交所（人民币）	纳斯达克（人民币）
上市成本					
上市初费	3 万元	15 万～65 万	10 万～20 万	400 万	10 万～40 万
承销费	1.5%～3%	2.4%～4%	4%～5%	8%	6%～8%

（续表）

费用类别	中小企业板/创业板（人民币）	香港主板（港元）	香港创业板（港元）	纽交所（人民币）	纳斯达克（人民币）
保荐人费	200万	200万～400万	100万～200万	1 500万	1 000万
法律顾问费	100万～150万	100万～250万	100万	300万	300万
会计师费	100万	150万～250万	70万～150万	400万	400万
总成本（与筹资额的比例）	4%～8%	15%～20%	10%～20%	15%～25%	15%～25%
维持上市费用					
上市年费	0.6万～3万元	14万～119万	10万～20万	400万	28～400万
保荐人顾问费用	—	20万	30万	800万	800万
法律顾问费用	10万	60万～100万	40万～100万	200万	200万
会计师费用	30万～40万	100万	60万～100万	150万	150万
信息披露费用	12万	30万～50万	30万～50万	50万～100万	50万～100万
总　计	60万～70万	224万～389万	130万～300万	1 600万	1 230万～1 600万

数据来源：深交所，《多层次资本市场与中小企业改制上市建议》。

境外上市的一系列收益也不能弥补境内股民的遗憾，腾讯、百度、新浪、京东、阿里巴巴等优秀企业的“出走”使得境内股民只能望洋兴叹，中国股民不能从阿里巴巴“双十一”的巨大收益中分得半杯羹汤，实为国内股民的心头之痛。国内股市也会因无法容纳众多优秀企业而受到冷落，整个证券业的发展机会也会白白流失。

融资是企业上市的直接目的，民营企业在国内融资困难使得他们宁愿付出高昂代价也要实现境外上市，解决民营企业融资难题是燃眉之急。

近年来多元融资途径的出现和相应政策的出台，也让我们看到融资难题解决的希望。

2014 年年初，国家银监会公布了首批民营银行试点名单，首批 5 家民营银行分别在天津、上海、浙江和广东开展试点，而且调查数据显示，超过半成民营企业看好这一新的融资渠道；由银监会推进的小微企业信息平台正在建立，将会增加对小微企业贷款的覆盖；阿里巴巴与中国银行、招商银行、建设银行、平安银行、邮政储蓄、上海银行、兴业银行等的深度合作，为中小企业启动了基于网商信用的无抵押贷款计划。除了新的渠道的出现，2014 年 11 月召开的国务院常务会议上就缓解企业融资难问题也出台了一系列的政策(图 66)。

民营银行	小微企业信息平台	无抵押贷款计划	国务院常务会议10大政策
首批民营银行试点运营 51%的民营企业看好民营银行 62.3%的民营企业管理者表示会考虑去民营银行申请贷款	由银监会推进建立 将方便银行取得企业信息 增加对小微企业贷款的覆盖率	阿里巴巴与7家银行的深度合作 基于阿里巴巴平台大数据和信用体系 最高授信可达 1 000万元	政策扶持 股票发行注册制改革 支持跨境融资 完善信用体系

图 66　2014 年衍生的新融资渠道及政策

年度话题

缓解企业融资难题十大政策

一是增加存贷比指标弹性，改进合意贷款管理，完善小微企业不良贷款核销税前列支等政策，增强金融机构扩大小微企业、“三农”等领域贷款的能力。

➚ 二是加快发展民营银行等中小金融机构，支持银行通过社区、小微支行和手机银行等提供多层次金融服务，鼓励互联网金融等更好地向小微企业、“三农”等领域提供规范服务。

➚ 三是支持担保和再担保机构发展，推广小额贷款保证保险试点，发挥保单对贷款的增信作用。

➚ 四是改进商业银行绩效考核机制，防止信贷投放“喜大厌小”和不合理的高利率、高费用。

➚ 五是运用信贷资产证券化等方式盘活资金存量，简化小微企业、“三农”等领域金融债等发行程序。

➚ 六是抓紧出台股票发行注册制改革方案，取消股票发行的持续盈利条件，降低小微和创新型企业上市门槛。建立资本市场小额再融资快速机制，开展股权众筹融资试点。

➚ 七是支持跨境融资，让更多企业与全球低成本资金“牵手”。创新外汇储备运用，支持实体经济发展和中国装备“走出去”。

➚ 八是完善信用体系，提高小微企业信用透明度，使信用好、有前景的企业“钱途”广阔。

➚ 九是加快利率市场化改革，建立市场利率定价自律机制，引导金融机构合理调整“虚高”的贷款利率。

➚ 十是健全监督问责机制，遏制不规范收费、非法集资等推升融资成本现象。

没有夕阳行业，只有夕阳企业

传统制造业孕育新机遇

2014 年的“中国富豪榜”前三甲悉数被互联网巨擘包揽（马云、李彦宏、马化腾），2013 年雄踞榜首的却还是房地产翘楚王健林，前年则是食品制造业的宗庆后。榜单变化背后实为不同行业在新兴技术下发生的力量消长。曾经的龙头行业，渐有式微之态，而多年前尚不起眼的新兴行业，已悄然成为经济的强劲增长点。一时间，传统行业人人自危，恐成“夕阳行业”。

相对互联网企业而言的传统行业，主要是指以传统工业生产方式生产的行业。其中的传统制造业，正是传统行业中历史最悠久、占比最大的行业。长期以来，第二产业占比一直居于 70%以上，传统制造业正是第二产业中最重要的产业。同时，传统制造业正是过去 30 年我国经济持续保持年均国内生产总值 10%以上增长率的强劲驱动力，近 10 年，中国制造业增加值国内生产总值占比持续保持在 30%以上（图 67）。温州、东莞等地商品行销全球，“中国制造”享誉海外，恰是制造业对中国经济增长贡献的直观感受。

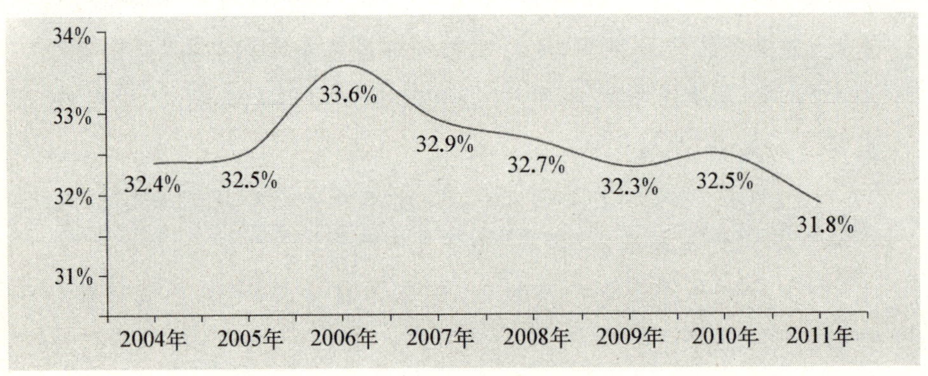

图 67　2004—2011 年中国制造业增加值国内生产总值占比

数据来源：历年《中国统计年鉴》。

金融危机后，中国制造业采购经理指数（PMI）一直保持在临界点之上，但总体呈下降趋势。国家统计局数据显示，中国采购经理指数在 2005—2008 年期间，曾长期高于 55%，但 2010 年后这一比例基本低于 55%（图 68）。截至 2014 年 10 月，制造业采购经理指数为 50.8%，仅略高于临界点，其中中小企业采购经理指数分别为 49.1%和 48.5%，均位于收缩区间。数据说明，尽管中国制造业生产总体延续了增长态势，但增

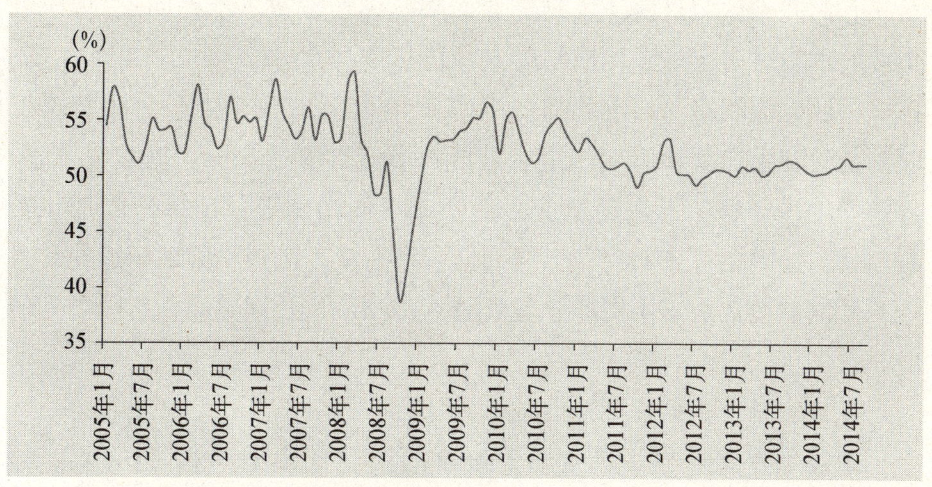

图 68 中国制造业采购经理指数变化(2005 年 1 月—2014 年 7 月)

数据来源：国家统计局。

幅已有所收窄，总体呈疲软态势，折射了传统制造业在新时代背景下的危机。

传统制造业是指将制造资源(物料、能源、设备、工具、资金、技术、信息和人力等)通过制造过程，转化为可供人们使用和利用的工业品与生活消费品的行业。按照行业惯例，这里将传统制造业分为高端制造业和低端制造业。

高端制造业和低端制造业可从行业和产业链两个角度进行分类。从行业角度出发，科技含量低、自主核心技术缺乏的行业归属传统制造业，例如普通钢材制造业，服装、鞋帽、电子信息设备加工贸易衍生的制造业；而科技含量高、拥有核心技术的行业则为高端制造业，如大型机械设备制造业、拥有核心技术的高端钢材生产商。从产业链角度看，低端制造业指处于产业链低端、附加值低的行业；高端制造业则为产业附加值高、处于高端产业链的行业，以钢材制造业为例，简单初级的钢材生产企业则是低端制造业，但拥有核心技术的特种钢材生产企业则属高端制造业。低端制造业多以劳动密集型和资本密集型为主，高端制造业则具有技术含量高、资本投入高、附加值高、信息密集度高等特点。

我们并不认为目前传统制造业面临总体性危机。准确而言，传统制造业的危机更多集中在低端制造业，而非高端制造业。

按照低端制造业产出商品的不同，可再将低端制造业分为消费类低端制造业和生产资料低端制造业。消费类低端制造业指代以加工鞋帽、衣袜等生活资料的低端制造业。生产资料低端制造业则特指以加工钢材、水泥、电解铝等工业生产资料的低端制造业。消费类低端制造业和生产类低端制造业有着不同产业发展特点、发展机理，同时面临不同类别的危机。

先来看消费类低端制造业危机：

中国消费类低端制造业属于典型的劳动密集型产业，过去 30 年，消费类低端制造业的高速发展得益于"人口红利"所带来的大量廉价劳动力。"人口红利效应"使中国的劳动力（主要指中低端劳动力）成本远低于发达经济体的劳动力成本，从而使中国在过去 30 多年能够生产大量产品并以低价出口至发达国家，且随之衍生出巨大的国内贸易市场。

然而，随着国民经济水平的普遍提升和劳动年龄人口比重的逐年下降（图 69），中国低端劳动力市场薪酬正在普遍上涨。与越南、印度尼西亚等其他发展中国家相比，中国的劳动力成本优势正在逐渐减弱。据国际劳工组织的数据显示，从购买力平价看，2011 年，越南工人工资是 136

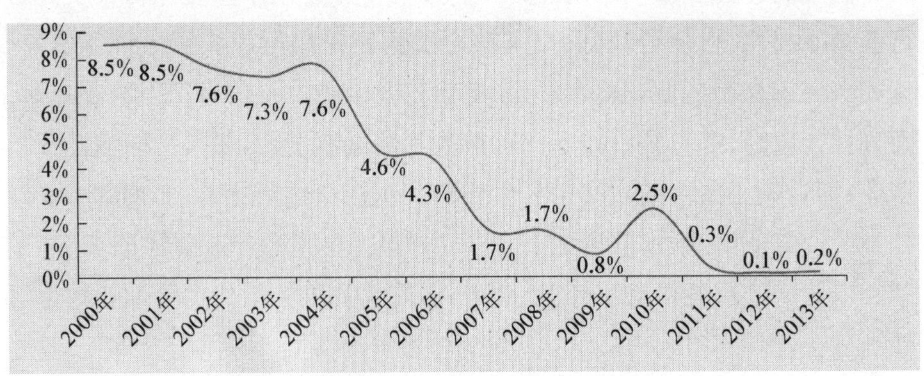

图 69　劳动年龄人口增长率变化（2000—2013 年）

数据来源：历年《中国统计年鉴》。

美元/月，印度尼西亚是 128 美元/月，而中国工人已达到 413 美元/月，是越南和印度尼西亚的 3 倍以上。同时，由于欧美国家长期的经济低迷和随之形成的高失业率，西方国家的制造业也有一定的回迁之势。

以浙江省为例，制造业是浙江吸纳劳动力最多的行业，同时也是城乡居民收入的重要来源。近年来，浙江制造业职工平均薪酬逐年增加，增速逐步提高，为城乡居民增收作出了积极的贡献，但浙江制造业职工平均薪酬仍低于全国及江苏、广东等沿海地区，需引起关注。

从绝对量看，浙江制造业职工平均薪酬逐年提高，从 2003 年的 1.3 万元/年上升到 2013 年的 4.6 万元/年，提高了 3.3 万元/年，年均增长 12.1%（图 70）。从增速来看，2003—2005 年，制造业职工平均薪酬增速均在 10%以下；2006—2013 年，除 2009 年受金融危机影响外，其他年份职工平均薪酬增速均在 10%以上，增速总体呈逐步提高的态势。制造业

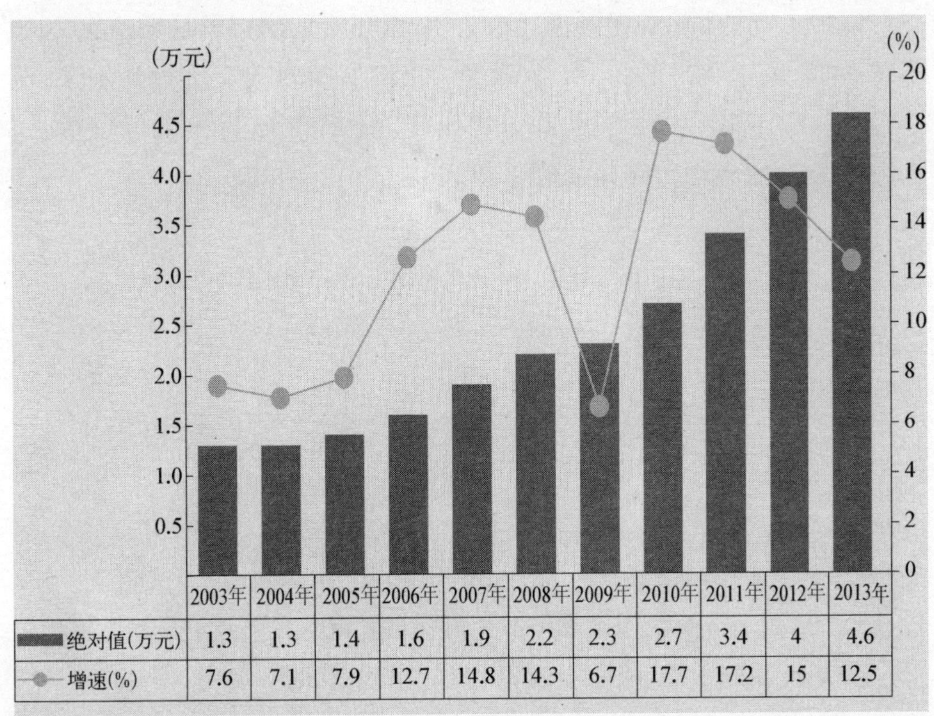

	2003年	2004年	2005年	2006年	2007年	2008年	2009年	2010年	2011年	2012年	2013年
绝对值(万元)	1.3	1.3	1.4	1.6	1.9	2.2	2.3	2.7	3.4	4	4.6
增速(%)	7.6	7.1	7.9	12.7	14.8	14.3	6.7	17.7	17.2	15	12.5

图 70　2003—2013 年浙江省制造业职工平均薪酬变动情况（万元/年）

数据来源：浙江统计信息网。

薪酬的较快增长，为居民收入增长奠定了较好的基础。2013 年，城镇居民可支配收入和农村居民纯收入中，工资性收入的占比分别为 64.6%和 53.3%。而工资性收入又主要来源于制造业。在国民经济各行业中，制造业发放的工资总额占比 27.6%，位居第一。

2008 年全球金融危机后，西方发达国家实施去杠杆化政策，金融和服务业渐趋衰落，经济持续低迷，外需需求减弱，直接导致中国"两头在外"的加工贸易制造业订单锐减，出口贸易额减少。根据德意志银行的研究报告，欧美经济增长每下跌 1%，中国出口增长下跌 6%。根据联合国经济与社会事务部发布的《2014 年世界经济形势与展望》，2013 年世界生产总值(WGP)仅增长了 2.1%，美国 2013 年的增长率仅为 1.6%，西欧地区 2014 年和 2015 年的预期增长率或为 1.5%和 1.9%，而美国、欧盟一直以来都是中国出口贸易的两大目的地。

以加工贸易制造业重镇温州市为例，温州市的出口贸易增速在 2000 年曾一度高达 82.2%。但金融危机后的 2009 年，出口增速跌至 −8.1%，2010 年、2011 年出口渐有回暖，但 2012 年再次出现负增长，2013 年出口贸易增速仅有 2.6%(图 71)。

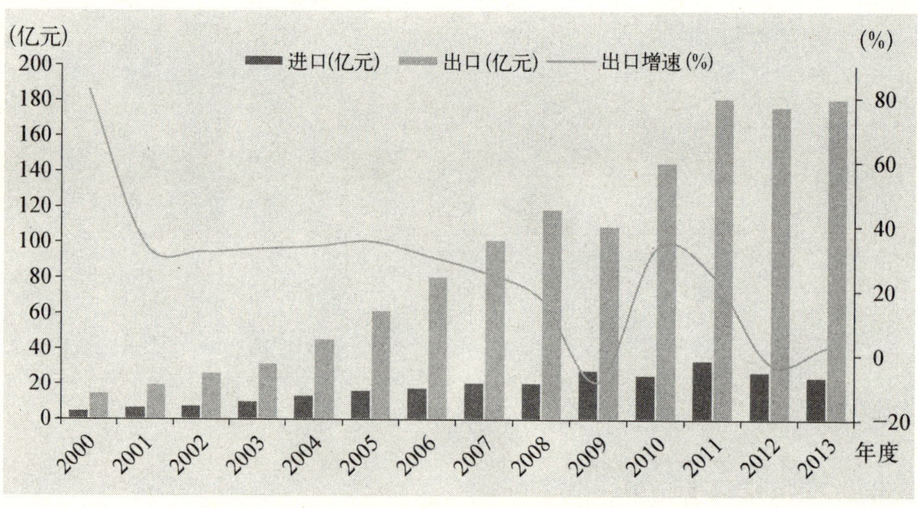

图 71 2010—2013 年温州市进出口贸易变化趋势

数据来源：温州市统计信息网。

再来看生产资料低端制造业的危机：

在内外部环境变化情况下，党中央对当前经济形势作出了“经济增长速度换档期、结构调整阵痛期、前期刺激政策消化期”三期叠加的重要判断，并开始实施一系列针对经济结构调整的政策措施。多部委显示出极大决心“加码”治理产能过剩和落后产能，截至目前，工信部 2014 年已经公布了三批淘汰产能过剩及落后产能名单，明确淘汰炼铁 277 万吨，炼钢 747.9 万吨。

近年来，在行政干预、投资冲动和经济周期等多重因素的影响下，我国投资率不断高企，生产资料制造业产能持续快速扩张。当政策刺激效应消退、房地产市场逐渐疲弱，生产资料低端制造业的产能过剩矛盾开始凸显。根据《国务院关于化解产能过剩矛盾的指导意见》(国发〔2013〕41 号)，近年来主要产能过剩行业的产能利用率基本在 70%～75%，而 2012 年年底，我国钢铁、水泥、电解铝、平板玻璃、船舶产能利用率分别仅为 72%、73.7%、71.9%、73.1%和 75%，明显低于国际上产能利用率应该超过 80%～85%的合理幅度。以产能过剩的典型企业钢铁行业为例，2014 年钢材行业价格被业界戏称“跌至白菜价”。同时，生产资料低端制造业往往存在环境污染严重、技术含量低等问题，使许多低端制造业位列落后产能名单。国家正在进行的经济结构调整无疑将使许多低端制造企业经历经济结构调整的阵痛。

2014 年度国家治理产能过剩的主要政策有：2014 年 5 月，工信部公布第一批《2014 年工业行业淘汰落后和过剩产能企业名单(第一批)》下达了 2014 年淘汰落后和过剩产能任务，炼铁 1 900 万吨、炼钢 2 870 万吨、水泥 5 050 万吨；2004 年 7 月，工信部公布《2014 年工业行业淘汰落后和过剩产能企业名单(第二批)》；2014 年 9 月，工信部公布《2014 年工业行业淘汰落后和过剩产能企业名单(第三批)》；2014 年 10 月，国务院出台《国务院关于化解产能严重过剩矛盾的指导意见》。

根据德勤《2013 全球制造业竞争力指数》报告，中国大陆目前制造业综合竞争力不仅在 2013 年领先群雄，并将蝉联当前及未来 4 年最具竞争力者的宝座(表 15)。

表 15　2013—2018 年制造业竞争力指数排名

排　名	2013	2018(预测)
1	中国大陆地区	中国大陆地区
2	德　国	印　度
3	美　国	巴　西
4	印　度	德　国
5	韩　国	美　国
6	中国台湾地区	韩　国
7	加拿大	中国台湾地区
8	巴　西	加拿大
9	新加坡	新加坡
10	日　本	越　南

数据来源：德勤研究报告,《2013 全球制造业竞争力指数》。

尽管相对其他新兴经济体,中国劳动力成本优势正在逐渐减弱,但中国在本地市场吸引力、政府对制造业与创新的投资、基础设施等指标的得分却远高于其他新兴经济体(表 16)。我们认为,尽管中国制造业正面临各类危机,但中国制造业仍然存在巨大增长空间。

表 16　部分国家制造业竞争力驱动因素排名

驱　动　因　素	德国	美国	日本	中国	巴西	印度
人力资源的创新	9.47	8.94	8.14	5.89	4.28	5.82
经济、贸易、金融与税务体系	7.12	6.83	6.19	5.87	4.84	4.01
劳动力与原料的成本与可得性	3.29	3.97	2.59	10.00	6.7	9.41
供应商网络	8.96	8.64	8.03	8.25	4.95	4.02
法律法规体系	9.06	8.46	7.93	3.9	3.8	2.75
基础设施建设	9.82	9.15	9.07	6.47	4.23	1.78
能源成本和政策	4.81	6.03	4.21	7.16	5.88	5.31
本地市场吸引力	7.26	7.00	5.72	8.16	6.28	5.90

（续表）

驱 动 因 素	德国	美国	日本	中国	巴西	印度
医疗保健体系	9.28	7.07	8.56	2.18	3.33	1.00
政府对制造业与创新的投资	7.57	6.34	6.80	8.42	4.92	5.09

注：10分制，1分代表"最不具竞争力"，而10分则是"最具竞争力"——分数已根据国家、规模与产业进行调整。

数据来源：德勤研究报告，《2013全球制造业竞争力指数》。

尽管学者一致判断，中国经济在未来很长一段时间将再难现年均10%的高速增长，但同样认为，作为后发展国家，中国经济仍然蕴涵着较高的潜在经济增长率。林毅夫曾经在多个公开场合阐释，中国还有维持20年8%增长率的潜力。他说："作为中等发达国家，即使现有产业的产能有不少过剩，产业升级的空间还非常大，可投资的机会多；城市内部基础设施的完善，也需要大量投资的支持；民生工程、安居工程、环境治理工程等的投资都具有很大的空间，很高的社会和经济回报率。在经济下行时仍有许多好的投资机会是发展中国家和发达国家最大差异之处。"而潜在经济增长率能否转变为现实增长率的重要前提则是中国是否能有效地实现从双轨制到市场单轨制的经济制度改革，释放制度红利。中共十八大以来，旨在建立"以市场在资源配置起决定作用"的经济制度改革已然开展。在可预见的未来，制度红利释放引起的巨大市场红利将带来经济增长，而宏观经济增长将是任何行业包括传统制造业实现快速增长的现实土壤。

中国正在进行的城镇化进程和城市新兴中产阶层群体的兴起，正在使中国成为全球最大市场。新兴的中产阶级消费群体比起我们的父母辈有更多对生活品质的要求，需要更复杂、更高质量的商品。统计数据显示，2001—2011年，中国人均可支配所得之10年复合增长率达16.5%，在世界主要经济体中居于首位，但中国的民间储蓄率却接近50%，意味着中国本体蕴含巨大消费潜力。

"技术缺乏"、"廉价劳工"是人们能想到的"制造业大国"的核心特征，近年来，国家大力强调发展高新技术行业，也容易给人以制造业是相对落后行业的印象。事实上，从世界各国的发展经验来看，制造业是国民经济的最重要组成部分。历史经验更表明，世界发达经济体之所以能实现整体经济的转型升级，其关键节点正在于实现了制造业的转型升级，成功完成了由低端制造业向高端制造业的跨越。哈佛大学与麻省理工学院的联合研究显示：驱动高端制造业所需的知识网络与能力和国家级繁荣之间的关联性，比其他各个指标都更能有效地预测各国收入的变化情况。

而中国的现实国情则是，尽管中国制造业总量巨大，但水平却相对较低，“高端制造业”缺口巨大。根据德勤的报告，中国制造业综合竞争力排名第一，但中国工程院的研究却表明中国目前的制造业水平仅相当于美国、德国、日本工业化中期的水平。研究结果有差异的原因则是因为前者重点考察了中国制造业的总量，而后者则着重考察了中国制造业的技术水平。高端制造业目前水平的相对落后本就说明高端制造业存在巨大增长空间。

另一方面，海外市场正在成为中国高端制造业的待开发市场。近年来，中国高端制造业频频进行海外投资，充分利用新兴市场化解制造业过剩难题。2000—2011 年，机械及交通运输设备出口增速相对强劲地拉动了对外工程承包项目的快速增长。机械及交通运输设备占我国整体出口比重近 50%，进口近 40%。其出口同比增速在 2000—2007 年经历了高增长，年平均增速接近 30%，高于同期总体出口增速的 23%。

再次，高端制造业正在成为国家战略新兴行业。工业和信息化部印发《高端装备制造业“十二五”发展规划》，国家领导人频频使用“高铁外交”。据 Wind 统计，在政策利好情况下，高端制造业在 A 股普遍看涨，截至 2014 年 10 月底，高端装备制造指数年内涨幅达 39.51%，远高于同期沪深 300 指数 2.6%的涨幅。

在经济学中，有一种“创造性毁坏（creative destruction）”理论，是指用更新、更有效率的新经济活动去冲销那些旧的和失去效率的生产和投资活动是经济发展的重要策略。传统制造业的产业升级过程同样是一种“创造性毁坏”过程，不同企业在新一轮转型升级竞赛中重新洗牌，其中一部分有前瞻性眼光的企业必能实现“突围”；一部分或被兼并、购买；一部分则难以避免地退出市场。

传统的制造业的可能发展路径主要有以下几类。

一是退出市场。

自2008年的金融危机以来,“珠三角”、“长三角”开始频频出现“倒闭潮”,显示部分企业在内外压力下,不得不选择退出市场。根据媒体公开资料,以温州当地的家居行业为例,目前处于停产和半停产的企业可能超过50%。2013年浙江全省法院共受理了企业破产案件346件,同比上升145.07%,破产企业债务总额达1 595亿余元,比2012年的243亿元增长了近6倍。其中,发生在温州的企业破产案就有198起。

二是产业迁移。

产业外迁包括两类迁移路径,一类是迁向越南、印度尼西亚等东南亚发展中经济体。以耐克公司为例,耐克运动鞋在中国的生产比例从2001年占全球的40%下降到2010年的34%;而成本低廉制造业环境渐趋改善的越南则从13%上升到了37%。另一类则是由中国沿海地区向中国中西部内陆地区迁移。例如根据亚洲鞋业协会,早在2007年,广东的鞋业企业就有50%左右到中国内陆省份如湖南、江西、广西、河南等地设厂。

三是转投资本市场。

在实业经济危机面前,不少传统企业转投房地产、股权、黄金期货、艺术品等资本市场。相比专注传统实业经济的艰辛,投资资本市场则可轻易实现财富的几何数增长。在资本市场,净资产注入最低的溢价也达到1.5倍左右。例如上海徐家汇商城上市,批量制造亿万富翁。然而,实业资本向虚拟资本的转移折射的确是我国财富制度分配上的巨大制度漏洞,实为实业资本之殇。

或许转投资本市场,赚一时“快钱”,对创业者个人而言能轻松而讨好,但从国民经济整体良好运行态势来看,企业转型升级不仅是企业自身寻求“突围”的重要一环,更是实现产业整体结构转型的最重要组成部分,若从提升民营经济地位的大处着眼,民营制造业的转型升级正是提升民营经济整体地位的可作为空间。以下简单梳理一些传统制造业实现企业转型升级的典型案例,尽管不能穷尽传统制造业转型的全部可能路径,但也能一窥其主要脉络。

比如“宝元鞋匠”：另辟蹊径，巧做渠道品牌。

宝成集团是全球最大的鞋业制造集团。多年来一直埋头低调地为世界各大鞋类品牌进行代工制造，每一秒诞生 2 双 NIKE 鞋，年产值近 50 亿元，在全球拥有 443 条生产线，同时为全球近 60 家品牌代工。

在同类鞋业开始不断探索企业转型升级，探索创建自主品牌和营销渠道时，宝成集团审时度势，分析认为自身最大的优势为代工制造优势，摒弃了非“制造”即“创造”的悖论，将“自主创新”能力集中施展于生产平台，在拥有强大的鞋类制造与销售背景下，融通制造与零售的资源，打造全新消费模式的大型综合鞋类连锁品牌——FOOTZONE（宝元鞋匠），开设多品类多品牌鞋类连锁专卖店，为广大消费者提供一站式的鞋类购物体验，宝元的研发、制造、品牌“微笑曲线”开始显现。

再如森马：“触类旁通”，挖掘相关产业价值。

近年来，国内服装行业饱受库存重压，曾专注于青年休闲服饰的森马集团同样深有体会。

森马意识到传统青年休闲服饰市场日趋饱和，同质化竞争严重，难有新意，同时敏锐地察觉到国内高端童装品牌的市场空白，从而转战高端童装品牌，“触类旁通”，推出了梦多多和 Mini balalbala 两个高端童装品牌，并顺势进入儿童相关领域，挖掘相关产业价值。

2013 年年底，森马引入欧美最流行的国外儿童用品集成店模式，通过建立“一站式儿童时尚配搭中心”推出了梦多多和 Mini balalbala 两个高端童装品牌，其童装巴拉巴拉品牌，2013 年成为互联网儿童服饰销售第一名。2014 年，森马集团的公司报表显示，森马的业绩增长主要依赖于童装。7 月，森马收购香港睿稚集团有限公司旗下子公司育翰上海 70%股份，挺进儿童教育领域。这也意味着未来的森马将从儿童商品提供商转变为儿童产业服务商。投资完成后，森马将拥有在世界 50 多个国家有超过 400 家中小连锁店的品牌“天才宝贝”，收获 3～6 岁儿童客户群，这些都是森马未来继续扩张的新优势。

又如正泰：稳扎稳打，技术积累实现产业整体升级。

正泰集团是我国工业电器龙头企业和新能源领军企业，目前总资产

300多亿元，年产值300亿元，更是我国低压电器行业首家实现A股上市的标杆企业。正泰集团的最初起家不过是乐清县的一家年产值3万元的小型开关厂。正泰企业的发展历程正是一家典型的初级制造企业稳扎稳打，通过不断技术积累和技术突破从而最终实现产业总体转型升级的范本。

"求精开关厂"（正泰集团的前身）在1984年成立之初，仅有单一产品工业开关。1991年，求精开关厂充分利用合资企业的优惠政策，引进国外先进技术，确立电器专业化的发展方向，产品范围逐渐扩展到低压电器、仪表、建筑电器等各类电器行业。此后，其逐步走向规模经济之路，正式成立正泰集团，成为国内低压电器行业的第一个集团。在新时代，正泰的产品从工业产品进一步扩展到"软件开发系统"，涉足电力控制、轨道交通、过程自动化等领域。同时，进军太阳能、光伏等新能源领域。正泰集团紧紧围绕自身的技术核心实现了产业链的整体升级。

互联网思维孕育新商机

"互联网思维"一词最早的提及者是李彦宏。在2011年，李彦宏在一些演讲中，就曾偶尔提到这个概念，意思是指要基于互联网的特征来思考：早晨我跟优卡网的执行总裁聊天，他把很多时尚杂志的内容集成到网站上，我就问他，为什么这些时尚杂志不自己做一个网站，而让你们去做呢？因为他们没有互联网的思维。这不是一个个案，这是在任何传统领域都存在的一个现象或者一个规律。

2012年，雷军开始频繁提到一个近义词——"互联网思想"。在2012年的每一场公开演讲中，雷军都会使用这个词，但起初小米影响力尚有限，除了众多米粉十分推崇之外，并没有引起其他人包括媒体的跟进。2013年，随着雷军的曝光度不断提高，罗振宇等自媒体人士开始频繁提及"互联网思维"。

如今，"互联网思维"已不仅是互联网行业，更是各行各业人士提及率十分高的词汇。周鸿祎称"互联网思维是常识的回归"。

互联网思维就是在（移动）互联网、大数据、云计算等科技不断发展的背景下，对市场、用户、产品、企业价值链乃至整个商业生态进行重新审视的思考方式。

《互联网思维“独孤九剑”》一书，系统阐释了互联网思维，它认为互联网思维包括用户思维、简约思维、极致思维、迭代思维、流量思维、社会化思维、大数据思维、平台思维、跨界思维等九类思维，涉及战略规划、商业模式设计、品牌建设、产品研发、营销推广、组织转型、文化变革等企业经营价值链条的各个方面(图 72)。

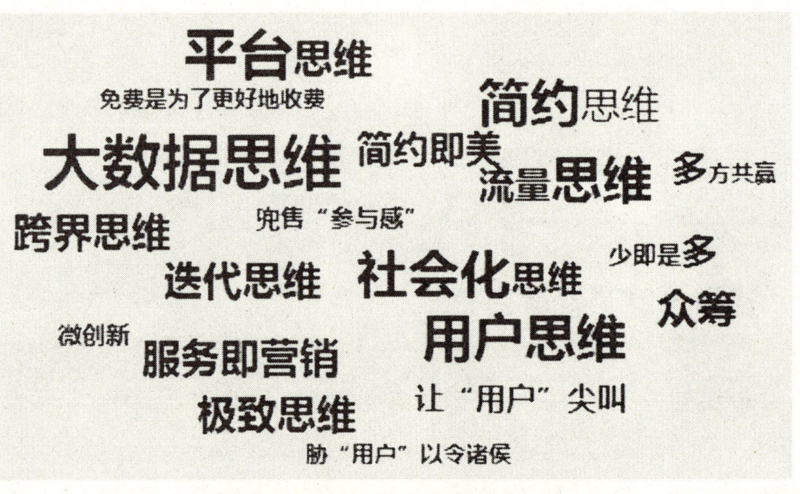

图 72 “包罗万象”的互联网思维

仔细观察那些“互联网思维”的成功运用者，正是在某个或多个层面观测了上述互联网思维中的一点或者多点，才能以“四两拨千斤”之力收获巨大红利。被认为充分体现了互联网思维的“雕爷牛腩”便充分体现了互联网思维中的用户思维、极致思维、简约思维、社会化思维。

雕爷牛腩的极致思维和简约思维，首先体现在其“轻奢侈”的定位上。雕爷自述，自己想改写一下中餐的定义，现在的中餐动辄二三百道菜，却又哪道都不精致，上菜节奏毫无章法，要么一直不上菜，要么七八道菜一起上，好味道全被浪费。应该学习一流的法式餐厅、意式餐厅，菜谱恨不能就一张纸，加甜品才二三十道菜，但每一道都极尽巧思，恰到好处，每道菜都在最佳食用时间给你端上来。雕爷牛腩社会化思维的一大营销传播点即雕爷牛腩餐厅在开业前进行了半年的“封测期”，京城各界数百位美食达人、影视明星均前来试菜，乃至圈内明星皆以获得雕爷牛腩“封测邀请码”为荣。雕爷牛腩在未开张之前，早已成话题热点。用户思维则充分体现在其细致的服务上，如在吃完雕爷牛腩后，服务员会将筷子用袋子包好，让用户带回家，同时在厕所会备有女性卫生用品等。

2014 年的“双十一”，淘宝商城销售额突破 571 亿元，充分显示了互联网思维在改造传统企业中所蕴含的巨大潜力。目前为止，中国的互联网技术对传统行业的渗透度依然相对低、互联网所带来的增长更多体现在驱动消费的层面。互联网思维运用最多的仍是在营销层面，在其他层面则涉及较少，例如前文所述的雕爷牛腩、对互联网思维的应用也仍多停留在“营销层面”。事实上，互联网思维所能运用的领域远超于此。这意味着，随着企业拥抱互联网技术的程度的提高，对互联网运用将最终带来巨大的生产力增长空间。

麦肯锡全球研究院曾建构互联网经济占国内生产总值比重（IGDP指数）来衡量各个国家互联网经济的规模。根据其研究报告结果，2010年，中国的互联网经济只占国内生产总值 3.3%，落后于大多数发达国家。而到了 2013 年，中国的互联网经济占国内生产总值比重（IGDP 指数）升至 4.4%，已经达到全球领先国家的水平（图 73）。说明中国的互联

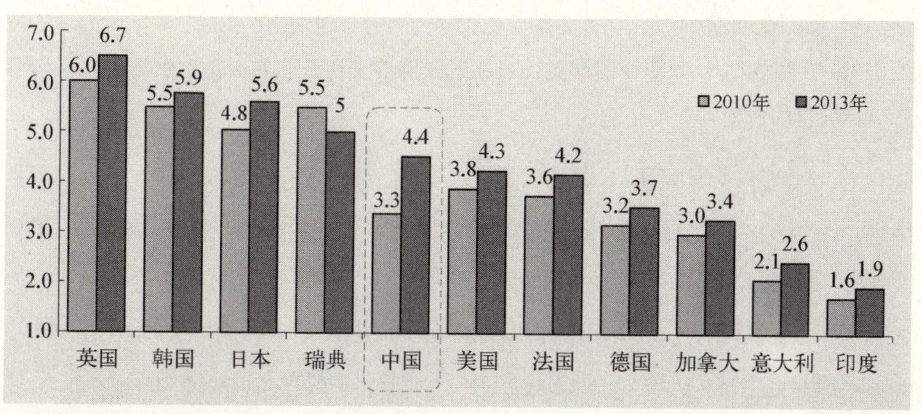

图 73　2010 年和 2013 年主要国家互联网性相关支出占国内生产总值比重（%）

数据来源：麦肯锡全球研究院。

网经济催生了巨大生产力。同时研究表明，互联网对中国传统企业的渗透度远低于国际平均水平，中国企业的 IT 投资仅占其营业收入的 2%，显著低于国际平均水平，说明中国的互联网经济蕴含巨大的增长空间。并预计 2013—2025 年，互联网将帮助中国提升国内生产总值增长率 0.3～1.0 个百分点。

2013 年中国和美国互联网在消费者和企业方面用途差异见图 74。

		中国	美国
消费方面	互联网使用		
	↗ 用户（百万）	632	277
	↗ 普及率	46%	87%
	网络销售		
	↗ 规模（10 亿美元）	295	270
	↗ 占零售业百分比	7%～8%	6%
	店商平台	淘宝/天猫	eBay
	↗ 商品数量（百万）	800	550
	↗ 活跃买家（百万）	231	128
企业方面	云服务渗透率（%）	21%	55%～83%
	中小企业经营的互联网使用率（%）	20%～25%	72%～85%

图 74　2013 年中国和美国互联网在消费者和企业方面用途差异

数据来源：根据 PEW 研究中心、中小企业协会、iResearch 综合数据整理。

互联网思维意味着全新商业模式的转变，而新兴商业模式的背后更是经济增长方式的转变，经济结构的调整，并会最终带来社会整体财富的增加，互联网思维运用潜力体现如下。

交易成本降低。互联网可以实现公司、消费者、研究者和政府部门的即时沟通与合作，互联网可以通过电子商务等实现制造商与消费者的直接对接，从而减少交易成本。例如精准化营销可改变传统广告必须投入巨大资金的情况，去中介化的平台模式的涌现必然使许多传统的以挣取差价的盈利模式生存空间缩小。

大数据的分析提高决策力。缺乏对消费者了解的决策往往存在盲点，互联网的普及使每个人的个人信息都能被准确记录并分析。通过对庞大数据流的分析，可以在低成本条件下，培养市场洞察力，提高企业决策的精准度。例如，通过数据分析，电子零售商可以根据消费者的购买记录为对方提供个性化的推荐服务。

满足小众需求的能力。互联网的应用及其交易的自动化可以使企业以更低成本满足多元小众市场和定制产品的需求。例如在出版行业，许多销售量降低的非大众读物往往印刷较少，而现在完全可以通过提供数字版读物代替印刷。

释放中小企业主体力量。互联网大大降低市场准入门槛，新企业能快速启动、壮大并参与竞争，创业者获得资源的成本更低。例如为创业者提供了将新点子低成本快速扩展的平台，云计算可以降低在IT系统的昂贵投资，在线营销只需少量经费就能把广告投放到特定的消费者细分市场。互联网还可为银行提供新工具来评估信贷风险和降低交易成本，解决中小企业融资难的问题。

扩展阅读

传统行业拥抱互联网

房地产行业

得益于市场化改革、快速城镇化、居民收入稳步提升及财政结构等综合性因素，中国的房地产行业特别是住宅房地产行业自1998年起，一路强劲增长。万科、万达等房地产领军企业收获颇丰。但随着经济结构的调整以及政府调控政策的收紧，房地产行业逐渐回归理性，房地产“黄金时代”已难再现，楼市遇冷。互联网思维在房地产行业却有巨大可发挥空间，先机者懂得利用互联网思维为房地产市场寻找新的增长点。

具体而言，互联网思维在房地产市场可以有以下运用方式。

在线采购节约成本。通过电子商务平台帮助房地产开发商、承包商和连锁酒店在线采购建筑材料、器材设备和装修材料。通过整合买家采购数量，尤其是帮助议价能力偏弱的中小规模开发商节约成本。除了供应产品之外，此类平台可提供一站式解决方案和服务，包括3D设计可视化工具和供应链融资。SOHO中国和绿地集团都已建立在线采购平台，并已获得高速增长。

网络营销实现低成本精准营销。营销是互联网思维运用最广泛领域，房地产行业同样可以利用它营销。互联网技术和网络平台可以帮助开发商和经纪人更轻松、更快捷地接触目标人群，节约营销成本。一些房地产网络平台已经开始与大型搜索引擎和门户网站建立合作关系，以获得用户信息，从而作出更有针对性的推荐。2013年9月，万科集团利用腾讯的移动应用程序“广点通”试水“定位广告”，向深圳部分区域的QQ用户投放万科红楼盘的精准营销广告。万科在此次推广活动中只投入了3万元人民币，却吸引了1万次点击，带来超过4 000万元的销售额。

网络销售租赁平台。房屋中介市场的“高佣金”一直广受诟病。网上房地产信息发布平台帮助开发商和经纪提高营销效率，为个人卖家与买家或房东与租客提供帮助，取消中介环节节约交易成本。如今搜房网、安居网等在线平台为个人房源公众免除了这笔费用。

基于互联网的增值服务。开发商和物业公司可以共同构建基于互联网的社会服务，利用社交网络、论坛实现业主互动；提供家政、园艺、干洗和老人护理等增值服务。花样年控股和万科集团曾推出这类社区服务平台，该集团已开发了名为“彩生活”的综合社区服务应用程序。它集购物、餐饮、住房、交通、娱乐、旅游和其他服务于一体，同时发布最新活动信息。2014年，“易居中国”更是分拆

“乐居”上市，与新浪、分众传媒及申通快递联合成立一家线上、线下相结合(O2O)的社区增值服务公司。公司将利用“易居中国”在房地产行业深耕的数据优势，依托新浪微博、“微米”的社区社交账号，“分众”领先的社区数字化传媒以及申通的物流平台，将社区住户与各类服务商连接起来，提供最适合社区住户的各类“最后一公里”生活服务。

典型案例

万科的商业地产增值服务

百度与万科正式确立了战略合作伙伴关系后，未来双方将在万科商用旗下的社区商业、生活广场、购物中心系列业态中，尝试引入百度的LBS技术服务(即基于位置的服务)，以实现因人而异、因群而筹、因景制谋、因图定略的优质服务，打造集合“消费者、商户、运营商”的商业生态系统。北京万科演示了已经通过内部封测并正式上线的管理系统——V-in。这套系统与百度合作开发完成，并在万科首个购物中心——金隅万科广场上线试用。通过云端大数据分析，针对不同消费者设定个性推送“菜单”，消费者可以通过移动终端搜索功能获取万科旗下购物中心内的商户信息、信誉评价、活动信息及优惠信息，事先进行购物规划。然后，通过其地图功能，进行最佳交通路线规划及行车导航，将用户从线上带到线下，直接引导其到购物中心内的店铺中进行消费。

健康医疗行业

作为基础公共事业医疗行业，长期面临医疗资源紧张与医疗资源分配不均的问题。据报道，省级医院的床位使用率为120%，而乡镇医院和民营医院的床位使用率仅为25%和18%。80%医疗资源集中在城市，病人有了小毛病往往选择大医院，而不是就近诊治。随着老龄化的加剧、慢性病的增多，医疗行业将面临更大挑战。同时，医疗行业一直是民营资本难以进入的领域。但随着互联网技术的推进，尽管民营资本难以进入健康医疗的核心部分，但却可进入健康医疗的周边行业。

互联网思维在健康医疗行业的可作用空间如下：

利用大数据优化研究工作。大数据可实现研发转型、促进制药企业、临床研究机构、学术机构和病人之间更大规模的合作，医疗研究者利用大数据来创造更加高效和更有针对性的开发模式。德国默克集团就与中国心脏代谢学院合作建立病人记录，采集了 2.5 万份Ⅱ型糖尿病病例以指导研发。但目前为止，大数据在医疗研究领域的应用仍然十分有限。

区域医疗信息网络(RHIN)的利用。互联网企业互联互通的属性，可以实现三甲医院与社区卫生中心和其他医疗机构联网、实现双向转诊和统筹诊断来缓解中国医疗资源结构性失衡。此外，统一的医疗记录还能提高诊疗质量，进而减少过度医疗、重复检查和重复用药等问题。截至目前，各地不少医院已完成联网，北京朝阳医院就与其他三家医院和三家社区卫生服务中心建立医疗联盟。2012 年，通过双向联盟就有 700 名患者被转至二级医院和社区卫生服务中心。

网上预约挂号。网上预约挂号尽管不能自动解决中国医疗资源分配深层次问题，但这样的平台却能增加透明度，体现对患者更多的尊重。北京协和医院就在与百度合作，通过百度搜索平台实现挂号及市内导航服务。

网上咨询平台的利用。利用互联网互通互联属性，打通医生和患者的沟通渠道，使患者不必遇到任何小病都前往医院，而是通过自查自诊降低医疗压力。下文详细介绍的“春雨医生”和好大夫网站正是目前国内网上咨询平台的典型。

典型案例

"春雨医生"——每个人的掌上医生

"春雨医生"搭建了一个医生和患者沟通的平台,其推出的一款专业手机医患问答软件,让用户可通过"春雨掌上医生"查询可能罹患的疾病,并免费向专业医生初步咨询。目前"春雨医生"具有健康咨询、家庭医生、预约挂号、健康资讯等功能。目前"春雨移动健康"已拥有3 000万名已"激活"用户,4万名在线医生,每日健康问题咨询量超过5万个。"春雨医生"已经摸索出比较清晰的盈利模式。"春雨掌上医生"让平台上的医生在一定范围内自由定价,以便接受用户的咨询。比如主要板块"空中医院"中,主要功能"快捷电话"(医生90秒内响应)、"私人医生"、"特约提问"以及"预约电话"、"预约就诊"等都需要付费,价格不一(大约在5～300元),付款方式也分为周付或按次付费。目前春雨移动健康公司宣布完成5 000万美元的C轮融资,被业内普遍看好。

汽车行业

2010年,中国已取代美国成为最大的新车单一国家市场,随着城市高收入家庭的增加,加上汽车普及率较低,中国汽车产业存在很大的增长空间。预计2011—2020年,中国将贡献全球汽车市场总增长的35%。但2014年随着经济增长放缓和过去爆发式增长所带来的产能过剩,汽车行业面临越来越大的压力。互联网在帮助中国汽车制造商和产业链上其他相关公司迎接挑战中扮演了重要角色。

协同进行产品开发。汽车制造行业产品开发周期长、产品非标准化、供应链复杂,因此协同开发方式对汽车行业特别有用。互联网可以使原始设备生产商采取更具协作性的产品开发方式，以将更深入的客户洞见纳入产品开发，并节约大量成本。目前众多原始设备生产商与搜索引擎合作，以了解哪些产品特性会让消费者产生共鸣，使整个供应链工程师都可以互动。从上海汽车工业剥离出的安吉物流就专注于实用物联网，为几十家中国汽车制造商进行物流管理。大众汽车在2011年就启动了“汽车自造”项目以开发新的概念车。

二手车市场。中国新兴的二手车市场比发达国家落后很多，但在许多成熟市场，二手车销售市场超过新车销售，成为该行业的主要市场。2012年，中国的二手车与新车销售比低于1∶4，而美国则是3∶1。在扩大这一市场方面，中国市场面临独特挑战，例如不成熟的销售渠道、消费者对车的偏好、定价和车辆性能缺乏透明性，以及监管限制。电子商务和在线平台，正好可以从一定程度上弥合这一信息鸿沟，搭建经销商和消费者沟通平台，提高单笔交易透明度。例如目前已经出现的“优信拍”和“车易拍”。

交通服务市场花样多。互联网可为交通服务市场提供多种盈利方式。在线渠道可以帮助汽车租赁公司和拼车服务公司提高销售和营销效率。出租车和豪华轿车服务可使用互联网服务优化车队调度，例如目前广泛应用的“滴滴打车”和“快递打车”。除此之外，在商务用车、豪华轿车等多个交通服务市场领域，互联网的“O2O”的实现，蕴含着巨大增长空间。

典型案例

“易到用车”

“易到用车”是中国第一家专业提供专乘约租服务的电子商务网站，创立于2010年，目前可以服务74个国内城市及3个美国城市，拥有极高的城市覆盖率及车辆密度。“易到用车”正在利用互联网将“出行”庞大产业链条上的环节一一打通，形成真正的闭环。

2014年8月，“易到用车”联合百度一起推出商务租车服务“百度专车”。与此同时，从接送机到随叫随到、时租、日租、半日租等业务，用户只需通过应用程序（APP）根据自身的出行需求，就可从“易到用车”平台上预定舒适、商务、豪华等5种级别上百款车型的服务。据悉，“百度专车”将以百度地图作为平台，“易到用车”为车辆租赁合作方，首先发布Android版本。“易到用车”目前是百度地图内置商务乘车服务的唯一提供商。

此外，目前“BAT”互联网巨头已经在商务乘车领域展开激烈竞争，阿里巴巴投资的“快的打车”于7月初宣布推出“一号专车”，从出租车打车市场切入商务租车市场，目前已在北京、上海、杭州等几个大城市上线。另有消息称腾讯正在借助于旗下“滴滴打车”组建商务租车团队，名为“U优打车”。与此同时，国外租车软件公司Uber近日高调入华，并采用比出租车高不了多少的价格抢市。

金融业

金融改革、利率市场化一直是政府的重要改革议程，而随着基于互联网的突破传统的业务模式的出现，传统银行将面临前所未有的竞争。银行业长期存贷利率差的盈利模式将不具可持续性。2013年被业内称为“互联网金融元年”，余额宝在这一年重拳推出人人贷、众筹等新型互联网金融业务在这一年蓬勃发展。紧接着的2014年，政府公布首批5家民营银行试点单位，阿里巴巴和腾讯都入选。

互联网思维在金融业的运用如下：

利用大数据提高风险管理能力。大数据时代的到来，使拥有互联网技术的金融业掌握更多借款人信息，进行更好的风险控制，降低不良贷款风险，特别是针对中小企业和消费者的贷款。目前，互联网企业和传统的金融机构都开始使用大数据进行风险管理。例如，通过监控和分析阿里巴巴电商市场上的交易行为，"阿里金融"可获得小微企业实时信用等级评估情况。目前"阿里金融"的不良贷款率为0.7%～1.3%，低于无担保消费者的平均不良贷款率。花旗银行同样也利用银联的大数据获取销售点的交易数据来授予商家贷款。更为重要的是在这一能力基础上催生了多种业务模式，如人人贷、众筹等。

建立在线渠道降低成本。银行、证券公司和保险公司可以通过建立在线分销、营销和客服降低成本，提高效率并服务更多客户。据中国工商银行估计，在线交易成本只相当于银行分支机构柜台交易成本的1/7。研究称，在世界上其他国家，如果银行完全使用在线渠道，能减少30%的分支机构和50%的全职员工。

低投资门槛蕴含新业务。中国消费者约60%的个人金融资产是存款，通过互联网的在线分配和服务，理财和投资产品的最低门槛也相应降低。此外，丰富的网络咨询能提高信息透明度以及提升消费者的金融知识素养，让他们对各种金融产品有更充分的了解。例如，目前用户可通过"余额宝"直接在线购买货币市场基金；典型的还有各类个人理财工具。

典型案例

"东方财富"——从财经资讯门户龙头向互联网金融服务平台转型

"东方财富"曾是国内领先的网络财经信息平台。它一方面通过提供免费的财经资讯、社区互动吸引海量用户浏览，实现网络广告收入；另一方面针对金融投资用户，推广金融数据服务，形成主要收入来源。随着第三方基金销售牌照的发放，公司形成集信息门户、SNS社区、金融终端等于一体的跨网络财经信息统一平台，聚集了庞大的用户规模，并在用户黏性方面持续领先，已经形成了公司最为核心的竞争优势，推动公司在财经信息服务与金融第三方渠道领域持续发展。公司凭借用户规模、黏性与品牌优势，获得了首批第三方基金销售牌照，正式进军金融电子商务领域，未来借助于互联网金融服务平台优势，可发展证券经纪业务、人人贷微金融服务等业务，全面打造互联网金融综合服务平台。

扩展阅读

民营企业的互联网营销

调查结果显示，六成民营企业内部有专门负责互联网营销的团队(61.3%)，4.3%的企业由市场部、公共部等部门负责互联网营销，1%的企业将互联网营销外包给专业机构运作，而三成多(31.8%)企业没有互联网营销团队(图75)。

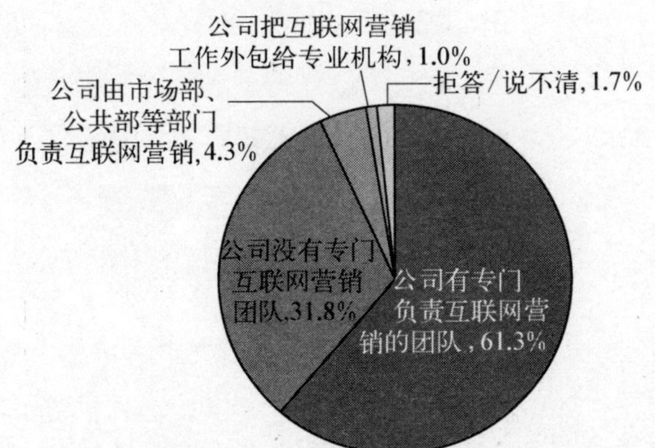

图75　民营企业互联网营销团队建设情况(%)

数据来源：上海新沪商联合会、零点研究咨询集团，“2015中国民营企业发展指数”。

分行业看，高端制造业企业有互联网营销团队的比重最高（73.1%），而房地产和传统服务业的这一比例最低，分别为40%和50%。虽然房地产和传统服务业与人们的生活紧密度最高，但其互联网营销意识却最低（图76）。

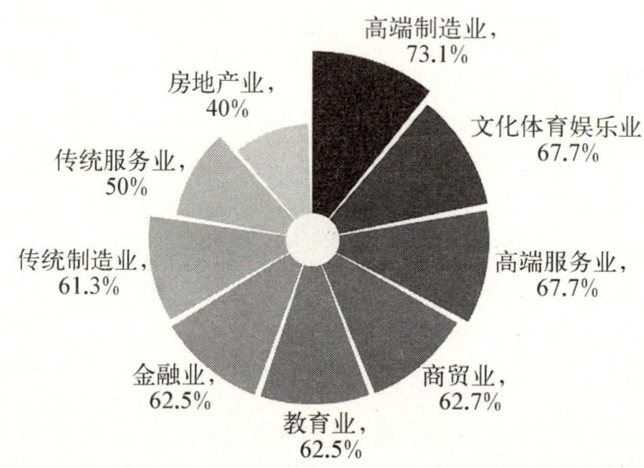

图76 各行业民营企业拥有专业互联网营销团队的比例(%)

数据来源：上海新沪商联合会、零点研究咨询集团，“2015 中国民营企业发展指数”。

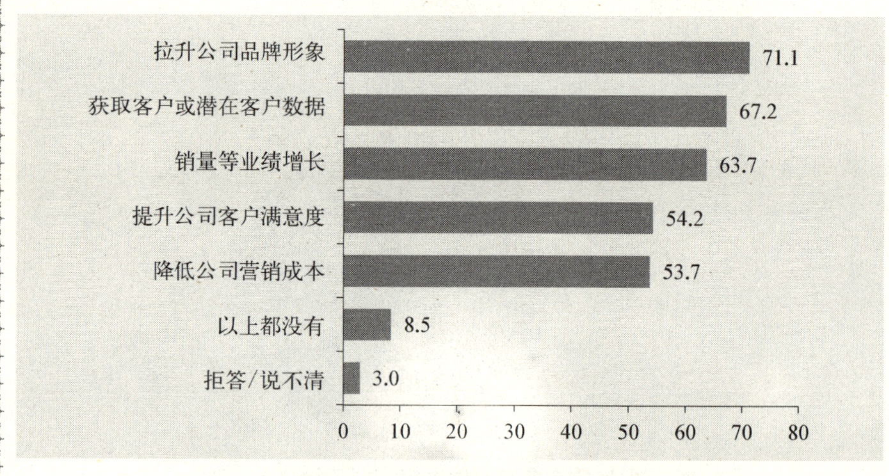

图77 民营企业互联网营销目标实现情况(%)

数据来源：上海新沪商联合会、零点研究咨询集团，“2015 中国民营企业发展指数”。

民营企业在互联网营销中实现的目标中,“拉升公司品牌形象”最突出(71.1%),其次是“获取客户或潜在客户数据”(67.2%)、“销量等业绩增长”(63.7%)和“提升公司客户满意度”(54.2%),而“降低公司营销成本”(53.7%)的目标实现得最不理想(图 77)。

结　语

下一个创业机会在哪里？

零点研究咨询集团　袁岳

前一段时间提出了“互联网思维”这个词，当前这个词有被庸俗化、被滥用的倾向，但确实说明了互联网时代发生的最重要的改变。信息技术和应用模式正在重塑消费者需求形成的机制和表现的样式。

目前，手机用户大概每 6 分钟看一次手机——“90 后”在每天的 12 个小时内将近要看 250 次手机，“80 后”看 180 次，“70 后”看 80 次手机，“60 后”50 次，“50 后”20 次。数字鸿沟在移动互联网时代扩展的速度非常惊人，代际间思维变化的周期差异也是明显的。一个典型的“90 后”，他的 idea 一天变三次，“80 后”会变一次，“70 后”三天变一次，“60 后”一周变一次，“40 后”一年变不了几次，“30 后”基本上三年也不见得变一次，这形象地反映出人们内在的也就是我们看不见的需求结构的运动方式。如果一个人的想法一个星期变不了一次或者几次，基本上不在互联网核心用户的范围之内。

如果我们来讲 10 年内互联网消费者的核心由谁构成，大概是目前最大的互联网用户群体——“90 后”，差不多占到互联网用户近三成。然后是“80 后”，与“90 后”的总比例将近 50%。第三大群体是“70 后”？其实不是，是“00 后”。然后才是“70 后”、“60 后”。很快地，“10 后”互联网用户的比例会超越“60 后”——“10 后”从 3 岁开始上网，6 岁以后就能在移动互联网上下单。

现在的年轻人是“搜索分子”

互联网消费者跟以往的消费者相比较，不是更节省，也并不见得有更多的钱，而是对商品的直观层面有更多的了解。年轻一代的互联网消费者最大的强项，就是产品信息获取能力有巨大改变。如果我们把一个普通产品的总信息系数用100来表示，“60后”的掌握是15，“70后”是20，“80后”是50，“90后”是70。为什么这样？因为以往获取信息的方法是传统的、缓慢的。这种传统方式以读书为代表。书通常抽象、系统。读书需要沉淀，在一个单位时间内获得的信息非常有限。书既传递知识，也扭曲知识，最大的问题是丧失了大量鲜活的信息。

今天的年轻人获取信息的方式不一样。大部分中国大学生写论文不是读书读出来的，是搜索搜出来的。他可以对一个产品不了解，但是他可以瞬间搜索。所以，今天这个世界，“搜”能解决很多的问题。这个时代对于年轻人来说，你说他是“知识分子”等于骂他——年轻人拥有很多的信息，有快速认识事物的能力，他不是“知识分子”，是“搜索分子”。他对事物形成认识和判断很快，而这个判断往往还很重要。

产品将在设计师与消费者的互动中产生

人们开始形成一种全新的产品观念。这些产品观念蕴含在消费者不断搜索和不断浏览中，尤其是通过互联网对信息进行海量、高频度地浏览中。这种需求塑造模式与那种一成不变的、格式化的、周期很长的模式相比有非常大的变化。2014年是服饰卖得比较困难的一年，但是有两个公司在中国卖得不难。一个是优衣库，一个是Zara。为什么？在深圳，有一家女装生产企业，它的周期管理已经相当不错了——把一个季节分为上季和下季，每年按照8季来做服装——即使如此，还是拼不过Zara。因为Zara以15天为一季来做服装，对于Zara来说一年有24季。这就是Zara这样的品牌更好地适应了消费需求瞬息变化的新形势。

思考一下，在互联网时代，不只是小米这样的高新科技产品或IT产品需要适应这种形式。所有产品，从食品到服装，到日用生活消费品，都需要互联网化。第一，把更新周期拉短；第二，要在短周期内快速把消费者需求反映在产品的设计中间。

这对产品设计师提出了巨大挑战。中国现在有40万在校学生学设计，但几乎没有学生能够快速洞察消费者变化，从而进行交互设计。最大的区别是什么呢？艺术设计学院所教的是把设计师的灵感表达为一个产品，而交互设计是要求设计师的灵感和消费者的灵感之间必须互通，在互动中快速产生产品。

过去我们所理解的消费需求，常聚焦在某个功能上。但新一代的消费需求，面广得多。吃牛腩的时候，“老吃货”直奔主题，关注牛腩到底怎么样；但是现代人会关注这个餐厅真美，吃到牛腩的时候是前面所有感觉的继续，跟直奔主题不是一种感觉。所有的产品，都将被重新设计。从设计，到生产过程，到物流模式，到销售样式，到售后样式，它的所有方面都被改变。

下一波互联网的创业机会

目前，在全国的所有产品中间，不超过0.2%的产品具有一点点互联网特征，超过90%的产品都是非互联网化产品的特点，这就是为什么把这个产品放到网上卖卖不出去，因为不是消费者心仪的产品形态。所以我们说，不是把商品放到网上卖就算是商品的互联网化。在互联网时代，有一个地方脱颖而出，叫义乌。义乌过去以小商品著称，现在是把小商品电商化非常成功的城市，是仅次于杭州的全国第二大电商城市——尽管它只是一个县级市。互联网创业的下一个最大的机会，在于产品的重新设计和产品产生过程的重新管理。重构产品管理的流程，确保一个产品所产生的周期极大被缩短，这就是互联网的节奏。

这一波创业机会最重要的是重构生产的全过程。如果理想化来说，这叫商务的全线电子化。跟产品全流程重新设计相关的两个B2B创业领域，一个是机器人，一个是全程交互管理。

机器人行业是目前美国重塑制造业的核心领域。中国未来的互联网竞争，非常重要的领域是全流程商务电子化，最大的瓶颈是生产过程的电子化。生产过程电子化最核心的两个东西，一个是模具的 3D 打印化，一个是生产过程的机器人化。

关于全程交互管理，有人会提到一个问题——“怎么样让产品高度反映出互联网消费者的意见”，非常重要的是能够使用线上社区跟消费者交流意见，在社区化交流中间把消费者对产品的不断变化的期望洞察出来，并不断地反复地进行意见交流。这里用的词叫交互，就是交叉互动，不同于以前的偶尔互动或者基本没有互动，是高频度的交叉互动。产品更新的周期要短，对不同批次的产品中间也需要加以调整和改进，而这个调整和改进甚至不需要重新训练工人，只需要把自动化生产线、机器人生产线加以适度调整就可以了。

所以，不是所有的企业将来都一定要去做一个电商，或者要去投一个应用程序（APP）。对于生产制造型企业，改变整体的研发、生产、物流、消费服务和售后服务的管理模式，使这个模式走向互联网化，从而大大缩短我们的生产周期，提高我们对于市场的反应能力，产生一批迥然不同以往产品设计思路、产品设计模式、产品设计技能和产品管理技能的新一代的互联网化的产品才是关键。人们经常会说到，要有爱马仕这样的品牌，我们需要时间慢慢打磨。“互联网化”时代，时间不是关键。在这个时代，打磨品牌完全可以超越时间限制。今天，一个小学生一天在互联网搜索的信息，可以超越爷爷一辈子知道的事情。从这个角度来看，在下一波互联网化改造和互联网创业方面，我们具备的潜力和可以产生的创业者数量也将会是巨大的。

附录一

“中国民营企业发展指数”德尔菲法流程

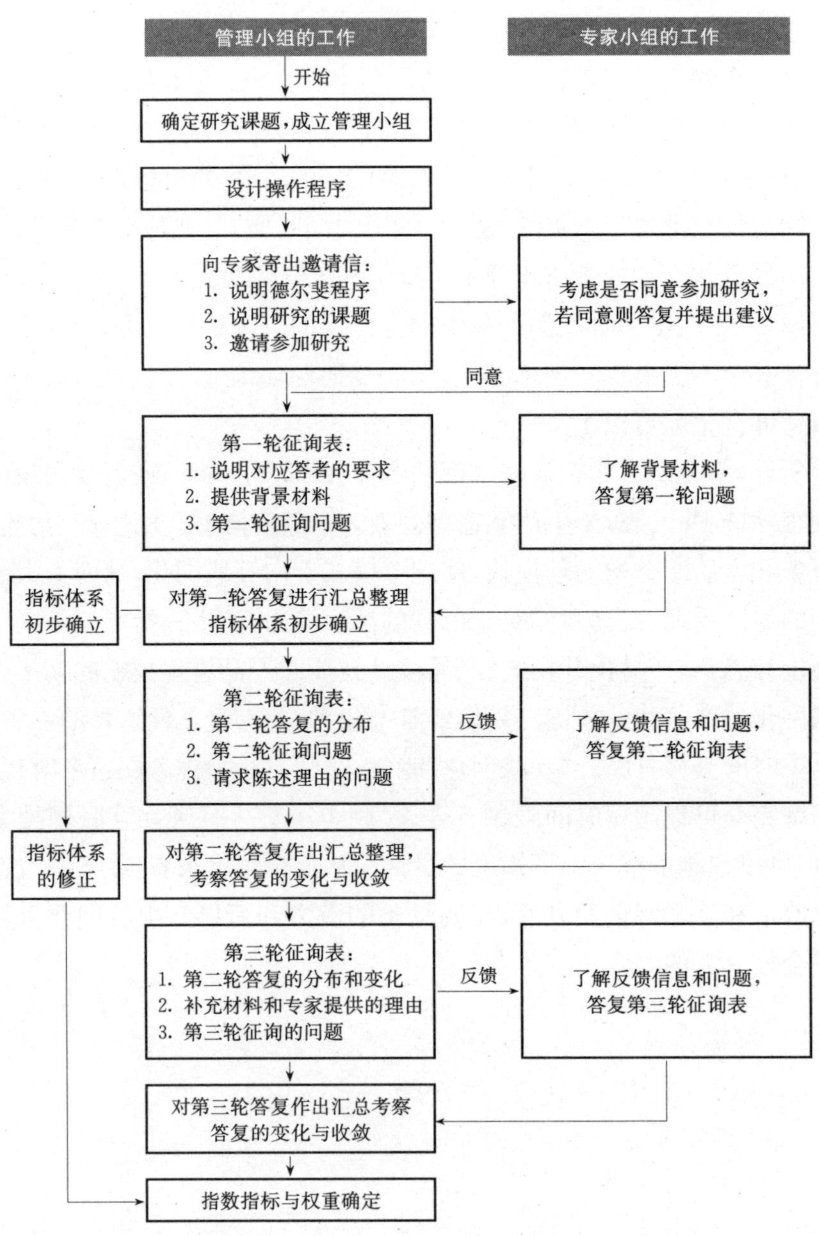

“2015 中国民营企业发展指数”指标体系权重与得分

“2015 中国民营企业发展指数”指标体系权重介绍如下：

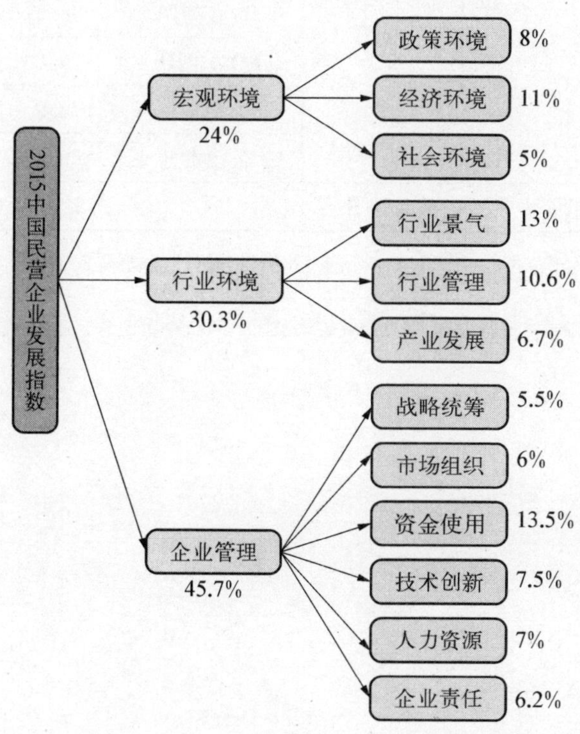

以下是 2015 中国民营企业发展指数一、二级指标的得分情况。

一级指标	指标得分	与均值相比	二级指标	指标得分	与均值相比
A 宏观环境	58.5		Aa 政策环境	55.47	
			Ab 经济环境	55.08	
			Ac 社会环境	70.89	
B 行业环境	73.64		Ba 行业景气	83.54	
			Bb 行业管理	65.14	
			Bc 产业发展	67.88	

（续表）

一级指标	指标得分	与均值相比	二级指标	指标得分	与均值相比
C 企业管理	70.92		Ca 战略统筹	63.55	
			Cb 市场组织	78.64	
			Cc 资金使用	68.61	
			Cd 技术创新	73.86	
			Ce 人力资源	72.9	
			Cf 企业责任	69.19	
2015 中国民营企业发展指数总得分			68.76		

注： 表示优于总指数得分， 表示与总指数得分持平，分差在 2 分以内， 表示低于总指数得分。

数据来源：上海新沪商联合会、零点研究咨询集团，“2015 中国民营企业发展指数”。

附录二

2014 年新沪商联合会大事记

1 月 16 日　大商学院二期课程开课。

1 月 18 日　商学院首期毕业典礼在星河湾举行。

《2014 中国民营企业发展指数》成功发布，已连续发布 3 年。

大商学院 2014 年新年慈善晚会举办。

2 月 21 日　新沪商联合会主席团二届三次会议召开，热议马年新发展。

3 月 5 日　大商学院二期师生到新加坡游学。

3 月 19 日　新沪商联合会参加第二届龙商（上海）高峰论坛。

3 月 20 日　新沪商联合会与新中贸易协会战略合作项目签约

3 月 21 日　新西兰总理约翰基访华期间，专程来沪会见新沪商企业家。

3 月 22 日　新沪商联合会企业家参加首届中资企业国际联盟论坛。

4 月 16 日　新沪商联合会百名助老义工参观访问“好八连”市北驻地。

4 月 26 日　大商学院二期课程在小南国酒店开课。

4 月 28 日　新沪商联合会第二届会员代表大会暨第二届理事会举行。

5 月 11 日　新沪商联合会、商海通、交大海外教育学院联合举办“中国商业资源对接会”。

5 月 26 日　大商学院二期师生到深圳游学。

5 月 30 日　新沪商联合会主办“2014 年佘山投资论坛 ——两岸投资峰会”。

6 月 13 日　大商学院二期课程在宝华万豪酒店开课。

6 月 17 日　新沪商联合会参加湖南（上海）投资贸易洽谈周湖南省情推介会。

6 月 19 日　日本驻沪领事馆官员参访新沪商联合会。

6 月 25 日　新沪商联合会参加上海英国商会金融午餐会。

6 月 26 日　新沪商联合会企业赴贵州商务考察。

7 月 24 日　新沪商联合会参加英中贸易协会“中国企业国际化及境外投资路演上海站”。

8 月 6 日　大商学院二期师生赴宁波、杭州游学。

8 月 22 日　新沪商联合会参加“中国商业资源对接大会”。

8 月 27 日　新沪商联合会 2014 年临时会员代表大会和理事会会议、二届四次主席团会议召开。

“理想、境界与行动——民营企业的软实力”商道传承系列论坛第三季在上海星河湾酒店举行。

学员联谊沙龙“五季会”正式成立，首届理事会学员理事亮相。

“2015 米兰世博会中国企业联合馆合作共建”主题会，签订战略共建协议。

9 月 2 日　日本九州经济联合会近百名企业家访沪并与新沪商联合会企业家交流。

9 月 5 日　上海秘鲁商会参访新沪商联合会。

9 月 18 日　新沪商联合会参加“科技型中小企业创新服务政策解读专题讲座”。

9 月 18 日　大商学院二期课程在锦江饭店开课。

9 月 19 日　新沪商联合会参加中国西班牙商会年度颁奖典礼。

10 月 6 日　大商学院二期师生至敦煌游学。

10 月 22 日　新沪商联合会参加“国学与人生智慧”专题讲座。

10 月 27 日　大商学院二期师生到台湾游学。

11 月 8 日　首届“五季会”杯棒球联赛举行，大商学院三期学生代表队获得冠军。

11 月 10 日　大商学院第三期拜师典礼举行。

11 月 10 日　大商学院三期课程在小南国酒店开课。

11 月 16 日　大商学院课题组赴法国、西班牙考察。

11 月 17 日　新沪商联合会赴新西兰商务考察。

12月4日　大商学院二期师生到深圳游学。

12月11日　新沪商联合会参加"中国餐饮酒店领袖峰会"。

12月12日　大商学院三期师生到海门、苏州游学。

12月13日　新沪商联合会三明分会召开年会。

12月16日　上海加拿大商会参观访问新沪商联合会。

12月26日　大商学院发展研讨会在证大集团召开。

附录三

上海新沪商联合会主要会员名录

顾　问

厉以宁　保育钧　夏斌　周其仁

名誉会长

郭广昌　上海复星集团董事局主席

蔡洪平　德意志银行亚太区投资银行执行主席

会　长

郑永刚　杉杉控股有限公司董事局主席

轮值主席

姜照柏　上海鹏欣(集团)有限公司董事局主席

戴志康　上海证大投资集团董事长

陈琦伟　上海亚商(集团)有限公司董事长

王力群　上海磐石投资有限公司董事长

王伟贤　绿地香港控股有限公司荣誉主席

徐子望　CXC 创投董事长

梁信军　上海复星集团总裁

陈　忠　上海银都实业(集团)有限公司总裁

王红新　上海交通大学海外教育学院执行院长

车建新　红星美凯龙国际家居连锁集团股份有限公司董事长

卓福民　纪源资本管理合伙人

沈南鹏　红杉资本中国基金创始人及执行合伙人

周　忻　易居(中国)控股有限公司董事局主席兼总裁
袁　岳　零点研究咨询集团董事长
严　明　上海相宜本草化妆品股份有限公司董事总经理
陈德军　申通快递有限公司董事长
王均豪　上海均瑶集团有限公司总裁
卫　哲　维新力特(上海)投资管理咨询有限公司董事长
桂国杰　上海中房置业股份有限公司总经理
张玉峰　上海骏合实业集团公司董事长
陈建铭　上海三盛宏业投资集团董事长
张幼才　鹿鸣谷咨询管理有限公司董事长
唐　葵　方源资本总裁
范　敏　携程旅行网副董事长兼总裁
严健军　上海致达科技集团有限公司董事长
王慧敏　上海小南国(集团)有限公司董事长
韩宏伟　豫商集团有限公司董事长
邓旭春　上海辰野投资管理有限公司董事长
黄　辉　上海三湘股份有限公司董事长
李建忠　长乐集团(新加坡)有限公司董事长
周惠明　上海恒大集团有限公司总裁
虞　锋　上海云锋投资管理有限公司主席
石德毅　上海嘉诚投资管理有限公司董事长
林　中　上海旭辉集团股份有限公司董事长
钱建蓉　中锐控股集团有限公司董事长
林纹如　上海聚创投资集团有限公司董事长
沈培今　上海瀚叶投资控股有限公司总裁
陈章银　报喜鸟集团/上海容银投资有限公司董事长
郑海生　上海浩森羊绒制品有限公司董事长
谢灵山　上海皮皮狗毛纺织有限公司董事长
尹安泰　上海东华环球木业建材交易市场经营管理有限公司董事长
王　煜　春秋航空股份有限公司董事长

吴廷辉　辽宁太阳谷庄园葡萄酒业有限公司董事长
罗伯凯　上海英国商会主席
何金莫　法中企业协会上海代表处首席代表
白里一　新西兰新中贸易协会主席
凯华德　上海西班牙商会会长

执行会长

王仁定　上海新沪商联合会执行会长
陈安杰　上海新沪商联合会执行会长

秘书长

陈士维　上海新沪商联合会秘书长

常务副会长

丁佐宏　月星集团有限公司董事长
张金如　上海东虹桥融资担保股份有限公司首席运营官
张静静　上海新梅置业股份有限公司董事长
何　青　上海恒和置业有限公司董事长
邱剑侠　嘉和控股集团有限公司董事长
张显东　上海睿通资产管理有限公司董事长
王文杰　浙江前程石化股份有限公司总经理
应闻鸣　上海新沪商联合会常务副秘书长
杨　晖　上海唯众影视传播有限公司总裁
江守城　上海宏燕投资管理有限公司董事长
谢艺仁　上海福人市场(集团)经营管理有限公司董事长
胡明宝　上海宝燕投资集团有限公司董事长
罗　欣　上海大宁城市奥莱经营管理有限公司总裁
朱圣杰　人和集团董事长
吴献忠　上海电能电气(集团)有限公司总经理
林建文　诺莱仕(上海)集团总裁

束　尊　上海市稼禾建设工程有限公司董事长
周振良　上海征鹏实业(集团)有限公司董事长

副会长

武剑华　上海三荣电梯有限公司董事长
韩凤丽　明月光生物科技发展有限公司董事长
谢玉成　上海龙成建设集团有限公司董事长
伍俊峰　上海万诚食品有限公司董事长
仓义鸿　上海仓颉后实业有限公司董事长
秦少秋　上海北孚(集团)有限公司董事长
郑胜生　上海中能企业发展(集团)有限公司总裁
洪术年　上海泰洁洗烫设备有限公司董事长
罗卫明　上海龙商纺织品有限公司董事长
施淇丰　上海行动成功管理技术股份有限公司总经理
王茂廷　联创国际集团上海公司董事、总裁
陈　波　上海聚磐投资管理有限公司董事长
王新元　上海时尚杰时尚文化发展有限公司董事长
彭　震　上海创丰创业投资管理有限公司合伙人
刘雪梅　上海翰远实业发展有限公司董事长
蒋　涛　上海加道文化传播有限公司董事长
史舒海　上海萌力优营养食品有限公司副总裁
李心源　上海本心源商贸有限公司总经理
李景恒　上海前研机电科技发展有限公司总经理
张同轩　黑龙江御木坊木业有限公司董事长
张洪斌　上海唐年实业有限公司总经理
林群勇　深圳多宝轩文化发展有限公司董事长
周家豪　上海浦贰餐饮管理有限公司董事长
陶晓东　上海兴中实业(集团)有限公司董事长
鲍恩东　舒友餐饮集团(上海)有限公司总经理
廖金凤　上海翔硕资产管理有限公司董事长

常务理事

朱万平　上海蓝岳控股集团有限公司董事长
程华振　持家(上海)投资有限公司董事长
闻膺杰　上海祥烨投资有限公司董事长
毛根法　上海复春源健身科技有限公司董事长
王伟东　北京市大成律师事务所上海分所高级合伙人
周玉威　厦门中非世野旅游开发有限公司董事长
顾慧华　上海瀛久农业科技发展有限公司董事长
蒋建国　上海顶盛机械科技有限公司总经理
许健英　上海建拓建筑装饰工程有限公司董事长
邢　枫　云南红河阳光天地生态农业科技有限公司执行董事
马波涛　韦莱保险经纪有限公司董事总经理
张永涛　上海华际建筑装饰有限公司总经理
武学凯　上海标顶服饰有限公司创意总监
俞　斌　上海星级酒店设备工程有限公司董事长
周　浩　顺动国际传媒集团有限公司执行董事
米英辉　一布贸易(上海)有限公司董事长
沈玲娴　香港达凯国际有限公司董事总经理
赵春阳　玛戈隆特骨瓷(上海)有限公司董事长
王　纯　艾迈斯按摩椅(上海)有限公司董事长
张　毅　上海一片天餐饮管理股份有限公司总经理
蒋慧青　浙江儒毅(上海)律师事务所主任律师
孙　银　上海上金控股集团有限公司董事
任宇鹏　吉林省大秦投资有限公司董事长
刘宇婷　北京聚智堂教育集团总经理
朱永清　上海叁陆壹商贸有限公司总经理
张金玉　广州市普瑞缇实业有限公司董事长
陈　郁　上海点金供应链管理有限公司董事长
陈　健　伯明国际贸易(上海)有限公司董事长
陈俊男　上海博际医疗器械有限公司董事长

陈荣团　泰州恒隆房地产开发有限公司董事长

施正德　上海魔卡信息科技有限公司总经理

夏　敏　上海旻盛投资管理有限公司董事长

晏东胜　大商汇置业执行董事

韩　进　南京远见文化传媒广告有限公司董事总经理

(理事以下名单略)

关于我们

上海新沪商联合会

上海新沪商联合会是由沪上著名的民营企业和商界巨子组成的具有法人资格的社会团体组织，成立于 2008 年 4 月。经过 5 年多的发展，其多项事业获得长足进步，影响力与日俱增。

上海新沪商联合会轮值主席制的创立和实施，使一大批商界领袖企业集聚于旗下，包括复星集团、杉杉集团、鹏欣集团、证大集团、亚商集团、磐石基金、绿地香港、CXC 创投、易居中国、银都集团、红星美凯龙、纪源资本、红杉资本、零点集团、相宜本草、申通快递、均瑶集团、中房置业、嘉御基金、骏合集团、三盛宏业、鹿鸣谷、方源资本、携程旅行网、恒大集团、云锋基金、致达科技、小南国集团、豫商集团、辰野投资、三湘投资、长乐集团、嘉诚投资、聚创投资、瀚叶投资、报喜鸟集团、浩森羊绒、皮皮狗毛纺织、春秋航空、东华环球、太阳谷庄园等企业。同时还有河南、新疆、湖南、贵州、河北、云南、内蒙古以及英国、法中、西班牙、新西兰等省级商会和外国商会加盟到新沪商联合会。

新沪商联合会的“人之老”助老慈善项目立足公益，深受公众关注，时任市委书记俞正声同志曾给与高度评价。2012 年，成功创办大商学院，以师徒制教学模式，建立师承传统，传授商道真经，承载着民营企业家的社会责任，成为实现我会宏大愿景的一架引擎；《中国民营企业发展指数》（橙皮书）的出版发行，作为年度系列发布，其作用日益显现；此外分会建设、商务考察、内外交流、《沪商》杂志、会员服务等多项工作均成果显著。

零点指标数据

本机构成立于2000年，隶属于零点研究咨询集团。是中国唯一一家长期专注于社会发展和群体文化、国内民意调查及国际意识研究，并借助于多种媒体途径实现研究数据广泛传播的基于本土的国际化公司，与“零点调查”的专项调研数据服务互为辉映。自成立以来，始终致力于以创新研究方法及最佳研究实践来更好地理解和洞察中国社会；坚持用见微知著的数据，解读中国社会的深刻变革，并为全球1 000多家核心媒体提供最新鲜的关于中国社会的研究解读，与世界分享中国变革的每一个“精彩瞬间”，为世界打开了解中国的窗户，为中国开启认识世界的智慧之门。所进行的中国公众生活质量研究、数字化人群研究、城市青年女性消费研究、“90后”消费与文化研究、现代女性形象研究、新男性研究、农村居民消费研究、流动人口生活形态与消费文化研究、城市老年群体生活形态与消费研究等系列研究成果以及所探索的各类新型研究方法，为深刻理解中国社会和社会的不同组成群体，提供了广泛的背景数据和深刻的逻辑化剖析。相关研究成果多次受到世界专业研究者协会(ESOMAR)、国际管理咨询机构协会(AMCF)等国际行业协会的嘉奖。

图书在版编目(CIP)数据

2015中国民营企业发展指数 / 上海新沪商联合会，零点研究咨询集团编. —上海：上海社会科学院出版社，2015

ISBN 978-7-5520-0788-6

Ⅰ. ①2… Ⅱ. ①上… ②零… Ⅲ. ①民营企业—企业发展—研究报告—中国—2015 Ⅳ. ①F279.245

中国版本图书馆CIP数据核字(2015)第029539号

2015中国民营企业发展指数

编　　者：上海新沪商联合会、零点研究咨询集团
责任编辑：王　勤
封面设计：陆红强
出版发行：上海社会科学院出版社
上海淮海中路622弄7号　电话63875741　邮编200020
http://www.sassp.org.cn　E-mail：sassp@sass.org.cn
排　　版：南京展望文化发展有限公司
印　　刷：上海信老印刷厂
开　　本：720×1020毫米　1/16开
印　　张：10.25
插　　页：2
字　　数：146千字
版　　次：2015年1月第1版　2015年1月第1次印刷

ISBN 978-7-5520-0788-6/F·284　定价：39.80元
